山东省齐鲁优秀传统文化传承创新工程2016年第一批重点项目
山东理工大学齐文化研究院、山东省齐文化研究基地2014年重点项目
山东省齐文化传承与示范区建设协同创新中心（培育）2017年重点项目

论管子

王京龙 著

『管子通论』丛书

王京龙 等著

齊魯書社

管仲像（郭振华 绘）

管子通论·前言

德国思想家卡尔·雅斯贝尔斯在《历史的起源与目标》一书中,第一次把公元前500年前后同时出现在中国、西方和印度等地区的人类文化突破现象称为"轴心时代"。这一时期人类社会思想文化爆炸式发展,同时形成了世界东西方思想文化中心的滥觞。在中国,这一滥觞过程的突出标志是先秦诸子的出现,管子便是其中的重要一员。管子大约生活在公元前735年—公元前645年之间,比中国儒家学派的创始人孔子(公元前551年—公元前479年)早近一个世纪,比古希腊最早的哲学学派——米利都学派(爱奥尼亚学派)的创始人泰勒斯(大约生活在公元前624年—公元前546年)早半个多世纪。

我们这里所说的管子,既指春秋时期的管仲其人,也指管仲之后形成的《管子》其书。对于管仲其人,早在春秋末期的孔子那里就有了深刻的认识与评价;对于《管子》其书,汉代刘向以后,从不同角度对其进行的研究代有新作,新浪逐高。正是在这样的社会文化背景条件下,伴随着中国传统文化研究的繁荣与发展,"管子通论"也就应运而生了。

我们对"管子通论"这个项目兴趣的确立是在2014年。当时,张灿贤教授就任齐文化研究院院长,与学校社科处研究,意欲启动几个较大的项目,以进一步发掘研究力量,明确研究方向,培育重大研究成果。在征求意见过程中,时任山东理工大学党委副书记、山东省齐文化研究基地负责人的张宇声教授提出了"管子通论"这个题目。经过反复讨论,大家一致认为这个题目很好——管子是齐文化中的杰出代表,具有巨大的研究价值。我们山东理工大学齐文化研究院作为山东省齐文化研究基地的建设单位和学术期刊《管子学刊》的主办单位,有责任承担这一任务。于是,研究院邀请山东省政协原副主席、山东师范大学原副校长、博士生导师、齐鲁文化研究院原院长王志民教授为顾问，确定张宇声教授和张灿贤教授分别担任编委会主任委员和执行主任委员，确定我为课题负责人。这样，这一课题就算是正式启动了。2016 年，山东省委、省政府决定启动“齐鲁优秀传统文化传承创新工程”建设项目，确定了第一批 7 类 31 个重点项目，经申请，“管子通论”有幸被列入其中，成为“齐鲁优秀传统文化传承创新工程”第一批重点项目之一。实际上，我在齐文化研究领域虽然屈指有年，但虚度时光日多，对管子并没有进行太深入的研究，接受这一任务深感责任重大，诚惶诚恐。加之本人学力、协调能力、研究人员构成、研究经费等诸多方面的问题，开始时便有勉为其难之感，在进展过程中，每深入一步，这种感觉便会加重一番。

研究管子的先贤众多，成果丰硕，“通论”从何着手，是一个很难确定的问题。对此，我们接受了王志民教授的意见，大致从管子研究的信息梳理角度入手，立足于“通”，着眼于“论”。于是就形成了管子的认识、管子其人其书及其家族的演变、管子思想、管子版本、管子的境外研究这样五个主要研究板块。最初的想法是把这五个板块的内容融合在一起，分成上下两卷出版结项，随着研究工作的不断深入，尤其是各个板块之间的独立性不断增强，最后竟然变成了五卷本。规模的扩大既与课题研究的内容有关，更与课题组成员的研究投入密切相关。现在看来，虽然每卷的规模看起来单薄一些，但专题性更强一点，而且有助于启发读者对某一问题的再认识。

由于启动这个项目的一个重要初衷是促进研究院内部的队伍建设和研究力量的提升，所以这个项目的研究队伍一开始就确定在研究院内部人员中选定。因而，项目开始以后，随着后来项目立项级别的上升，每卷的作者也就难以改变了。这是这个项目没有聘请一些管子研究大家参与的主要原因。

在项目进行过程中，我们试图在所涉领域都能够获得新的认识，但由于学界对管子的研究成果早已非常丰富，做到这一点确实不容易，一卷当中烦言赘语不免多见，各卷之间内容也难免有所重复，好在也可以见到一些可寻味之处。我们主要在以下几个方面寻找到了一些罅隙，或者可以说是获得了一点进步。比如对管子及其家族演变的阐释，王京龙教授和战化军教授分别在《论管子》和《管子其人其书及管氏家族研究》中都有论述，虽然观点有所不同，甚至不够完美，但在以往的管子研究中尚没有发现如此系统和缜密的推演论述。又如对管子思想研究的历史梳理，对管子学史的研究并不少见，但按照两千多年的历史发展顺序，从研究信息的角度给予系统梳理的并不多见。张艳丽的研究提供了不同历史时代的管子研究信息，虽然与专题的管子学史研究不可相提并论，但这种梳理揭示出来的研究信息也是非常可贵的。郭丽教授长期以来一直致力于《管子》的版本研究，长期处在这一领域的学术前沿，她对《管子》版本研究信息的梳理，为读者呈现了这一领域的最新认识。还有管子的境外研究，全面收集和整理不同语种的管子境外研究信息是带有一定开拓性的研究。孙继成、杨纪荣的研究在着重于收集梳理面上信息的同时，尽量照顾到了点的深入，但由于涉及面的制约，其具体着眼点的学术纵深并不令人满意，但这也几乎是前所未见的研究了。这些研究或许能够为促进管子的研究提供更多的有价值的参考。

总而言之，管子其人与《管子》其书对社会发展进步产生的巨大影响是不可估量的。希望我们的这一研究能够为促进管子研究的深入发展提供一点帮助。

感谢我供职的单位山东理工大学齐文化研究院及各位领导、同仁的厚爱，让我有机会与各位学贤一同完成“管子通论”的研究任务。能够有机会为管子研究的深入发展做出一些微薄的贡献，我感到十分荣幸。

祝愿山东理工大学齐文化研究院兴旺发达！

感谢所有为“管子通论”研究工作顺利完成做出积极贡献的朋友们！

因本人学力和课题组成员对管子研究把握和再认识的能力有限，对于书中存在的不足和错误，敬请各位学贤给予指正和理解。

王京龙

2018年3月8日

于山东理工大学博大花园寓所

目 录

前　言

我们这里所说的“管子”,既是指管仲管夷吾其人,也是指依托管子之名形成的《管子》其书。这样的实例在中国的先秦历史上并不鲜见,“老子”,有时候指的是李耳其人,有时候指的就是《老子》或《道德经》其书。庄子是这样,荀子也是这样,总之不可逐一而举。他们都是响当当的民族文化品牌。“管子”的特殊性在于它的形成是以非凡的事功为基础的,因而通常的观点认为,读《论语》而知做人,读《管子》而知做事。欲成大事者,一定要读管子。

孔子以来,历经汉唐以至明清,围绕管子其人其书的论者众多。近代以来,以梁启超为代表,将管子其书与西方文明比照的研究崛然而起。学术影响了政治,孙中山、蒋介石、毛泽东直至习近平,甚至直接将管子的思想应用到了国家管理当中。一言以蔽之,古往今来,管子研究者不可胜举,管子最初以其巨大的历史贡献引起了学术界的关注,而后又以学术界的高度重视引起了历代当政者的关注,以至于其思想与文化精神春风化雨般的渗透到了中华民族文化发展的血液当中,成了促进中国社会发展的积极因素。管子在中国历史上从来都是胜利者,他脸上洋溢着的那种睿智而灿烂的笑容,吸引着全世界范围内越来越多的关注者的青睐。因而,围绕“管子”的话题之多,不可胜数;其中的一些话题,学者们争论了两千多年,尚有待于新的证据发现来确认。社会科学的研究正是这样,正确的结论依靠的并不是权威,而是逻辑的演绎和证据的发现。

我们这里所谓“论管子”之说的内容,是作为“管子通论”的“总论”编入其中的。因为“管子通论”是一部多卷本的著作,为了论述的方便,每卷便确立了一个相应的主题,而要有所谓的“总论”,实在多有难言之隐:不说“管子”，便大有跑题之嫌，细说“管子”，却又不能与其他任何一卷的主题冲突，囫囵吞枣便又容易生出敷衍了事之事端。因此，便想到了古人“曲径通幽”的办法，选择各卷的主题中都有所涉及，但又不便深入探究的一些不待细说的问题，罗列于此，谓之“论管子”。

孔子曰：“名不正，则言不顺。言不顺，则事不成。”既有“管子通论”，就要有管子通论的内涵与外延。尊圣人教训，这里，我们首先要说的是“管子通论”的内涵与外延问题，以便于从整体上对我们所说的“管子通论”的内容和框架有一个比较客观的认识。

一、项目的来源

“管子通论”这个项目，是作为2016年山东省齐鲁优秀传统文化传承创新工程的第一批重点项目之一立项的。

山东省齐鲁优秀传统文化传承创新工程是新时代中国社会春风化雨的结果。2012年11月，中国共产党第十八次全国代表大会召开，在有着划时代意义的“十八大”报告中，明确提出了“推进社会主义文化强国建设”的思想和目标，把中华民族优秀传统文化的传承和创新发展提到了一个前所未有的高度。2013年11月，中共中央总书记、国家主席、中央军委主席习近平到山东考察时，在孔子研究院召开座谈会，开启了中华民族优秀传统文化传承与创新发展的新时代。

习近平同志在曲阜召开的这个座谈会上明确指出：“中华民族有着源远流长的传统文化，也一定能创造中华文化新的辉煌。”并强调指出：“我这次来曲阜就是要发出一个信息：要大力弘扬中国传统文化。”这句话释放出来的基本信息主要有三点：第一，我们要有足够的文化自信。中华民族源远流长的传统文化曾经创造出了灿烂的辉煌，也一定能够创造出新的辉煌。对此，我们要有坚定的民族文化自信。第二，我们对传统文化的传承与弘扬力度不足。近代以来，尤其改革开放以来，中国社会的发展，一方面，并没有在剔除民族传统文化糟粕的同时，及时地在民族优秀传统文化基础上架构起比较完善的民族文化体系，另一方面，改革开放使得外来的文化元素泥沙俱来，对并不十分完善的民族文化体系形成了严重的侵蚀，从而对我们的民族传统文化的传承与弘扬构成了严重的安全威胁。第三，传统文化是民族的根基，是民族前进的动力。习近平同志作为党和国家的主要领导人，正是从国家和民族发展的高度提出这样一个重大课题的。习近平同志的曲阜座谈会以后，优秀传统文化传承与弘扬的创新发展开始了崭新的发展历程。

回顾改革开放以来中国的发展，有两个国家领导人的考察谈话曾经对中国社会的发展产生过巨大的影响。一个是 1992 年的邓小平南方谈话，另一个就是 2013 年的习近平曲阜谈话。邓小平同志的南方谈话提出了一个著名的论断："计划多一点还是市场多一点，不是社会主义与资本主义的本质区别。计划经济不等于社会主义，资本主义也有计划；市场经济不等于资本主义，社会主义也有市场。计划和市场都是经济手段。"这个谈话解决的主要是经济领域发展中的重大问题，冲破了当时社会主义建设的理论禁区，推动了中国的社会主义建设。习近平同志的曲阜谈话在文化建设方面提出了完善以经济建设为中心的发展理论，解决的是在全球化发展的时代背景下，中华民族走向繁荣富强参与世界竞争的根本动力问题。换言之，也就是民族文化发展对社会发展的推动力问题。

正是在这样的社会大背景下，山东省委、省政府决定实施"齐鲁优秀传统文化传承创新工程"，2016 年确定了第一批 7 类 31 个重点项目，"管子通论"就是其中的一个。

"管子通论"被确定为"齐鲁优秀传统文化传承创新工程"第一批重点项目之一，有充分的理由，这就是管子本身所具有的巨大潜在价值。早在 19 世纪末期，西方社会就开始认识管子[1]，美国环境史学者罗伯特·B. 马克斯的《中国的环境与历史》中，在比较全面地介绍中国环境变迁与历史发展关系的同时，曾经对《管子》的生态思想给予了充分的解读，在论述春秋战国时期的环境变迁或破坏时，注意到了国家在这一变化中所应有的主导作用。[2]习近平同志在公共场合多次引用过管子的名言警句。2014 年 9 月 21 日，在

① 陈书仪：《〈管子〉研究在国外》，《文史知识》1989 年第 3 期，第 88 ~ 94 页。

② 朱华：《西方环境史学者对〈管子〉的生态解读——〈中国的环境与历史〉读书札记》，《2013 第八届全国管子学术研讨会交流论文集》，安徽省管子研究会，2013 年，第 51 ~ 53 页。

庆祝人民政协成立65周年大会上的讲话中，习近平引用了《管子·牧民》篇中的名言："政之所兴在顺民心，政之所废在逆民心。"2014年12月13日，在南京大屠杀死难者国家公祭仪式上的讲话中，习近平引用了"疑今者，察之古；不知来者，视之往"一句话，这句话出自《管子·形势》篇。2015年5月7日，在出席俄罗斯纪念卫国战争胜利70周年庆典并访问俄罗斯前夕，习近平在《俄罗斯报》发表题为《铭记历史，开创未来》的署名文章。文章中引用了"合则强，孤则弱"一句名言，这句名言出自《管子·霸言》，原文是："夫轻重强弱之形，诸侯合则强，孤则弱。"2016年1月21日，习近平在开罗阿拉伯国家联盟总部发表题为《共同开创中阿关系的美好未来》的演讲中，引用了《管子·形势》篇中的一句话："未之见而亲焉，可以往矣；久而不忘焉，可以来矣。"不仅如此，一些国家政要对管子思想也表现出了浓厚的兴趣。2011年，时任美国总统奥巴马在胡锦涛主席访美期间的国宴招待会上的致辞中就引用了出自《管子》书中的"十年树木，百年树人"的话，以寓意美中友谊的不断发展。管子作为世界文化的标杆之一，不仅潜藏着巨大的成长价值，而且这一成长价值，在东西方文化的互补融通方面的道路平坦广阔。不仅中国的国家领导人看到了管子思想的巨大潜在价值，许多外国国家决策层面亦高度重视管子的思想。这一现象留给我们的启示是，管子作为中国优秀传统文化软实力的一部分，对人类社会共有精神家园建设的丰富与发展有着巨大的潜能。这也正是"管子通论"入选山东省齐鲁优秀传统文化传承创新工程2016年第一批重点项目的原因之所在。

二、从"管子"说起

"管子通论"理所当然要从"管子"说起。管子，即管仲，名夷吾，字仲，亦称敬仲。春秋时期辅佐齐桓公以"尊王攘夷"为号召，"九合诸侯，一匡天下"，首霸春秋，对齐国的崛起与持续昌盛、强大发挥了极其重要的作用，对华夏文明产生了巨大的历史性影响。后人对他的治国理论和实践给予了持续不断的总结和阐释，汉代形成了《管子》一书的定本，对后世产生了广泛而又深远的影响。管子因其事功而有其书，因其书而蜚声海内外，由此而成为齐文化发展过程中崛起的人文巨峰，在中国乃至世界文化发展史上有着杰出的代表性。

我们首先要确定的立场是，管子是东夷文明沃土上崛起的人文丰碑。中国古代文明的起源，宏观上看，以黄河、济水、淮河、长江为基本地理坐标，曾经孕育了三个大的势力集团，这就是西部的炎黄集团、东部的东夷集团和南部的苗蛮集团。这三个势力集团当中，东夷集团和炎黄集团开化相对较早，苗蛮集团到了商周之交才发达起来。三者在各自发展过程中不断相互碰撞交流，逐渐混而为一，迭次出现了夏、商、周三代王朝，真正形成了一个相对稳定的文化整体。夏、商、周三代，夏代、周代都是以炎黄文化为主体而形成的，只有商代是以东夷文化为主体形成的，而周代又在商代之后，因而，周灭殷商，实际上是炎黄文化与东夷文化的再次碰撞。周代建立以后，大量分封诸侯，齐、鲁两国得以封邦建国，齐鲁文化的逐步形成，便从这时候正式开始了。从这一意义上说，一方面，齐、鲁文化都是在东夷文化的文化范畴和地理辐射圈中形成的，因而都应当是东夷文化的继承与发展，具有广泛的同源性；另一方面，周代建立以后，对于夏、商文化的充分吸纳，实际上也是炎黄文明与东夷文明的再融合，因此，周代齐、鲁文化的发展，不仅进一步凸显出了东夷文明在中华文明起源中的东方之源地位，而且由此把齐、鲁文化塑造成了中国两千多年封建社会传统文化的基本源头。

现代的考古发现证明，东夷文明的最早源头是距今约四五十万年前的沂源猿人。[①] 沂源猿人发现于山东省中部地区淄博市的沂源县。现今的山东省处于东夷文明的中心区域当中，而齐文化的核心区域又以山东省淄博市的临淄区为中心，分布于山东半岛的中端区域。这一区域大致涵盖了渤海湾南岸、山东丘陵北麓、东海以西、黄河以东的广阔区域。周灭殷商之后，按照《左传·宣公十二年》所谓“内姓选于亲，外姓选于旧”的原则，在泰山南北分封了齐国和鲁国两个重要诸侯国，泰山以南是鲁国，泰山以北是齐国。鲁国是姬姓之国，其得以分封遵从了“内姓选于亲”的原则，第一任君主鲁周公旦是周文王之子、周武王之弟、周成王之叔父。周公旦得以封鲁靠的是其家族特有的血缘资本和政治资历。齐国是姜姓之国，其得以分封，遵从

① 徐淑彬：《山东沂源县骑子鞍山发现人类化石》，《人类学学报》1986 年第 4 期，第 398～399 页。

的是“外姓选于旧”的原则，第一任君主齐太公曾被周文王封为“太师”，被周武王尊为“师尚父”，是倾商兴周的首席谋主、最高军事统帅和西周的开国元勋。齐太公得以封齐靠的是显赫的功勋。由此可见，齐国是靠卓越的事功起家的，这个卓越事功要从自身的奋斗开始；鲁国是靠政治资历起家的，这个政治资历要由高尚的品德保障。

齐、鲁封邦建国以后，由于地理环境、生活习性、治国理念、文化传承等众多因素的不同，两国逐渐形成了不同的文化体系。《史记·鲁周公世家》里有这样一段记载：

> 鲁公伯禽之初受封之鲁，三年而后报政周公。周公曰：“何迟也？”伯禽曰：“变其俗，革其礼，丧三年然后除之，故迟。”太公亦封于齐，五月而报政周公。周公曰：“何疾也？”曰：“吾简其君臣礼，从其俗为也。”及后闻伯禽报政迟，乃叹曰：“呜呼，鲁后世其北面事齐矣！夫政不简不易，民不有近；平易近民，民必归之。”

按照这一文献记载的说法，伯禽在鲁国采取了“变其俗，革其礼”的治国方针，用了三年的时间使辖内得以安定，之后才到中央政府去述职报告。姜太公在齐国采取的是“简其君臣礼，从其俗为也”的治国方针，结果五个月之后辖内便得以安定，很快就到中央政府述职报告了。鲁国建立政权之所以慢，是因为鲁国应用外来周文化改造土著文化的成分比较多，过分强调与中央方针政策的高度一致性，呆板执行中央政策的印痕比较明显；齐国建立政权之所以快，是因为齐国应用外来周文化适应土著文化的成分比较多，强调因地制宜、实事求是地执行中央的方针政策，执行中央政策因地制宜的印痕比较明显。当时主持中央工作的周公权衡了鲁公伯禽和齐太公姜子牙的治国方略之不同后，随即发出了“夫政不简不易，民不有近；平易近民，民必归之”的慨叹，由此而断定“鲁后世其北面事齐矣！”周公对于重变革、尚功利、求真务实的姜太公之策给予了充分的肯定，而面对机械执行中央政策的鲁国“变其俗，革其礼”之策，则清晰地预见了其未来发展动力的潜在不足。

管子正是在这样的文化背景下，在以齐鲁大地为中心的东夷文化沃土上，在波澜壮阔的齐文化和鲁文化发展大潮中崛起的东方文化巨峰。他的思想理论与行为实践，对齐太公时期因俗简礼的思想理论与行为实践有着明显的继承性。

管子虽然不是齐文化的奠基者，却是齐文化当之无愧的传承和发展者。管子对齐文化的历史贡献，历代皆有述及。孔子在《论语·宪问》篇中说："管仲相桓公，霸诸侯，一匡天下，民到于今受其赐。微管仲，吾其被发左衽矣。"司马迁在《史记·管晏列传》中说："管仲既用，任政于齐，齐桓公以霸，九合诸侯，一匡天下，管仲之谋也。"刘向在《管子叙录》中对管子的经世治国之道做出了这样的评论："凡《管子》书务富国安民，道约言要，可以晓合经义。"清代学者张佩纶这样说："居今日而求振兴，惟《管子》一书最切当世之用。"①总而言之，本于孔子和司马迁之论，汉唐以至于明清，对管子经世致用思想的认识日趋深入。学贯中西的梁启超把东方的管子与西方的政治思想加以比照以后，得出了振聋发聩的结论，他在著名的《管子传》中这样写道：

> 今天下言治术者，有最要之名词数四焉：曰国家思想也，曰法治精神也，曰地方制度也，曰经济竞争也，曰帝国主义也。此数者皆近二三百年来之产物，新萌芽而新发达者。欧美人所以雄于天下者，曰惟有此之故。中国人所以弱于天下者，曰惟无此之故。中国人果无此乎？曰恶，是何言？吾见吾中国人之发达是而萌芽是，有更先于欧美者。谓余不信，请语管子。

梁启超从管子那里看到了中国文化的优长与不足，他的论说开阔了国人的视野，提升了民族的自信心与自豪感，为中华民族的崛起发出了强劲的呐喊。这是中国历史上第一次把管子与西方社会的先进文化观念做出比较研究的著作。不可否认，管子显赫的事功与先进的思想理论对后世产生的巨大影响，是引发人们高度关注他的根本原因。

---

① 张佩纶：《管子学》，台湾商务印书馆 1971 年版，第 2745 页。

三、研究的内容

管子已经经历了接近三千年的风风雨雨。自孔子以来,对管子的认识,外延不断扩大,内涵日趋丰富。即如是,这里所谓的"管子通论"究竟要研究些什么呢?

我们这里所说的"管子",概括地说,首先是指中国古代的一代伟人,中国古代春秋时期齐国杰出的政治家管仲,同时也是指中国古代一部杰出的经典文献,假托管仲之名而形成的一部书。鉴于管子其人、其书、其思想在两千多年的历史长河中形成的巨大深远影响,中国社会对其家族的关注和境内外对其人、其书、其家族的关注与日俱增。这其中,对于《管子》其书的文献学研究和思想理论义理性研究成果最为丰硕,关于管子其人及其家族的研究以及管子的境外研究虽然时有所见,但既不系统也不多见。因此,我们对于已有深入研究的《管子》文献学以及义理性研究,不再泛泛讨论,而对于管子其人、其书、其家族以及管子的思想研究和管子的境外研究等问题,则主要从研究梳理的角度展开论述。总体来看,对于管子的研究,主要从以下三个方面展开:

一是关于管子其人、其书及其家族的流变。管子显赫的事功和思想理论,引发了春秋以来上自帝王显贵下至乡间百姓的关注与评说,对以管子为中心的管子家族及其重要成员的关注与评说亦伴随而生,可谓代有新声。这就是中国社会千百年来长盛不衰的"名"的效应,归根结底是管子的巨大事功成就的。对管子其人、其书及其家族的流变进行梳理,虽然古已有之,诸如《史记》中的《管晏列传》《鲁周公世家》等文献中多有记载,但多为简约大略之作,世之所见《管子传》《管子评传》之类的著述,又多以管子思想的义理研究为主。因而,对管子其人、其书及其家族的流变给予一个比较系统的梳理与阐释,将管子其人及其家族问题勾勒出一个尽可能完整的轮廓,现在看来还是十分必要的,也是一件很有意义的事情。

二是关于管子其书及其丰富思想内涵的阐发。这一部分内容历来是管子研究中的重点,包括两个大的方面,一是对《管子》的文献学研究,一是对《管子》思想内容的研究。对《管子》的文献研究早在汉代刘向编订《管子》

的时候就开始了，如果没有刘向对当时流传的若干种管子篇章的搜集、整理基础上的集中编订，便不会有我们今天见到的《管子》一书。至于后来对《管子》的文献学研究，或篇目考订，或字句考释，或音韵校正，或流传梳理……诸如此类，虽研究视角和研究方法不可逐一而举，但都是以刘向的这一文献学贡献为根基的。关于《管子》思想内容的研究著作可谓百花似锦，先秦以来便不可胜举。《管子》的内容本身有两个突出的特点，一个是与时俱进的人文精神，用《管子·正世》篇的话说就是："不慕古，不留今，与时变，与俗化。"再一个就是以博大的胸怀关注民生问题，《管子·五行》篇里有一句话可以说明这一点，这就是："经纬日月，用之于民。"尽管时代不同，社会的关注点不同，但与时俱进与关注民生是任何一个时代发展的基本主导方向。《管子》在思想内容方面的这两个突出特点的普世价值是不言而喻的。因而，在中国古代社会当中，历朝历代对《管子》都有所关注，上至朝中的皇帝重臣，下至在野的文人墨客，只不过关注的重点不同而已。这当然与《管子》思想的灿烂光辉直接相关，与中国古代社会形成的知识分子传统的忧国忧民意识和关注社会的人文精神也密不可分。对管子其书及其丰富思想内涵的阐发，最重要的是创新性的深入发展。

三是关于管子在境外的研究。管子从什么时候开始走向境外，目前来看还没有一个确切的说法。但据陈书仪的介绍，西方人对《管子》的认识早在19世纪末就开始了。法国的哈勒茨(Harlez)在1896年就发表了有关管子的文章，英国的爱德华·派克(Edward Parker)在1918年和1921年先后发表了两篇关于管子的文章。这些文章都是介绍性的。西方社会对管子的研究在20世纪初出现了一些较为成熟的研究成果。1927年德国人福尔克(Forke)在其撰写的《中国古代哲学史》中对管仲予以简要介绍，并翻译了《管子》的若干片断。1927年，法国汉学家亨利·马斯波罗(Henri Maspero)出版了他的《古代中国》，书中他提出了一个很有影响的观点，认为如今的《管子》一书是伪作，刘向的序也是伪作。1929年，瑞士学者伯恩哈德·卡尔格伦(Bernhard Karlgren)在其《中国古代书籍的可信性》中对马斯波罗的两个观点进行了严肃的批驳。1952年，剑桥大学的学者荷兰人皮特·梵·德龙(Piet Van Delon)在其《论〈管子〉的流传》中对马斯波罗的观点进行了进一步的探讨。与此同时,有关《管子》的翻译作品也开始不断出现。1942年,由英国学者休斯(Hughes)翻译的《管子》之《水地》《四时》,收录在了一部名为《古典时代的中国哲学》的书中。1956年,《水地》的译文也在李约瑟(Joseph Needham)的《中国科学技术史》的第二卷中收录。时在剑桥大学任职的德国汉学家古斯塔夫·哈洛恩(Gustav Haloun)于1933年完成了第一篇《管子》的译文《弟子职》,发表在同年的《大亚细亚》杂志上。1951年,他的《法家著作片断》第一部分:《〈管子〉55及有关原文》,发表在同年的《大亚细亚》杂志上,其中包括了《九守》篇的译文。20世纪50年代以后,西方社会对于管子的研究开始成果频出。伴随着全世界中国文化热的流行,管子在世界范围内得到了越来越广泛的深入认识,认识和传播管子思想的渠道在悄悄地发生着变化,这就是"管子学院"的出现。2006年,加拿大人埃里克·鲍曼(Erik Bowman)在加拿大创办了管子学院。2014年,美籍华人、管仲的第82代后裔管必红博士在美国费城注册成立了管子学院。管子学院聘请的首席研究员是前清华大学教授、美国宾夕法尼亚大学荣休教授李克先生,他自1948年就开始翻译研究《管子》,是著名的管子研究专家。管子学院还与安徽省管子研究会于2015年11月15日至23日,在美国费城举办了首届国际管子学术研讨会。管子研究在境外虽然起步比较晚,但伴随着全球化步伐的加快,正在逐渐演变为一种文化符号。总体上看,根据郭丽的梳理,现今境外的管子研究,在美国,以《管子》的理论研究为重心;在俄罗斯,以翻译《管子》的有关经济篇章为重心;日本的《管子》研究涉及内容比较多,范围也比较广泛,在翻译、校勘、通释以及义理研究等方面,都有很好的成果。①

显然,就以上三个方面的研究而言,学术界的研究现状是参差不齐的,对《管子》的文献学研究和思想理论的义理性研究,材料最为丰富,研究者最多,学术成果也最为丰富,对《管子》研究的学术性梳理近年来也不断出新。但很明显的是,对管子整体研究情况的学术梳理,目前还是比较薄弱的环节,在管子其人及其家族流变以及管子的境外研究方面,都很有必要尽快给

① 郭丽:《简帛文献与〈管子〉研究》,方志出版社2015年版,第2页。

予弥补性的研究。

四、研究的视角

面对“管子通论”这个题目,选定一个合适的研究视角是非常重要的。从整体上看,对于管子的研究,国内历来不乏新论。从以往的研究成果看,国内的研究优于境外的研究,近代以来的研究又要胜于古代的研究。仅就近年来的国内研究著述而言,比较突出的大致可以分为三类:一是对《管子》的文献学研究,包括注译、流传、校勘之类的研究,诸如池万兴①、张固也的《〈管子〉研究》②,郭丽的《〈管子〉文献学研究》③,李山译注的《管子》④,巩曰国的《〈管子〉版本研究》⑤等,都是从文献学角度对《管子》的系统研究,这是一个非常突出的研究视角。二是对《管子》思想的义理性研究,诸如郝云的《〈管子〉与现代管理》⑥、张友直的《〈管子〉货币思想考释》⑦、乐爱国的《管子的科技思想》⑧、任继亮的《〈管子〉经济思想研究》⑨、苏畅的《〈管子〉城市思想研究》⑩等,这一类研究著述最为丰富,而且呈现出来的学术视角多元化,可谓美不胜收。这应当是管子研究的主体,也是管子研究与社会发展最为接近的地方。三是对管子其人的研究。这方面的研究多是近年来才出现的新成果,诸如战化军的《管仲评传》⑪、陈书仪的《管子大传》⑫、胡新生的《管子志》⑬、陈永汉的《管子:杰出的经济管理学家》⑭等。此外,对于管子思

---

① 池万兴:《〈管子〉研究》,高等教育出版社2004年版。
② 张固也:《〈管子〉研究》,齐鲁书社2006年版。
③ 郭丽:《〈管子〉文献学研究》,中国海洋大学出版社2007年版。
④ 李山译注:《管子》,中华书局2009年版。
⑤ 巩曰国:《〈管子〉版本研究》,齐鲁书社2016年版。
⑥ 郝云:《〈管子〉与现代管理》,上海古籍出版社2001年版。
⑦ 张友直:《〈管子〉货币思想考释》,北京大学出版社2002年版。
⑧ 乐爱国:《管子的科技思想》,科学出版社2004年版。
⑨ 任继亮:《〈管子〉经济思想研究》,中国社会科学出版社2005年版。
⑩ 苏畅:《〈管子〉城市思想研究》,中国建筑工业出版社2010年版。
⑪ 战化军:《管仲评传》,齐鲁书社2001年版。
⑫ 陈书仪:《管子大传》,齐鲁书社2008年版。
⑬ 胡新生编著:《管子志》,山东人民出版社2009年版。
⑭ 陈永汉:《管子:杰出的经济管理学家》,经济管理出版社1999年版。

想及其研究发展的学术史梳理也有所关注，比如耿振东的《〈管子〉研究史（战国至宋代）》[①]等。显然，这些研究，横向上看，以“管子”为中心，对其人、其书、其思想的研究尤其深入；从研究成果的聚焦点来看，对其书的研究大于对其人的研究，对其人的研究又大于对其家族的研究；就对其思想的研究而言，剥离与凸显的梳理、发掘、阐释性研究又要大于与当代社会发展的融合性研究。总而言之，国内管子研究的发展主要存在一个进一步深化与当代社会发展融合的问题，境外管子研究的发展则参差不齐，对管子的了解认识还停留在极少数的专家学者那里，第一层面的传播还面临着非常艰巨的任务。

鉴于管子研究复杂性和多元化的发展趋势，我们今天面对“管子通论”这样一个题目，就必须认真考虑所应当持有的研究视角问题。审视“管子通论”这个题目，“管子”的内涵已如前所述；“通论”则是“贯通诸说之言论”之意。我们认为，“通论”的重点在于“通”，也就是对整体的研究状况的梳理。由此也就形成了两个非常重要的研究视角选项：一个是对“管子”给予“通论”性质的研究，也就是对管子的相关问题给予尽可能全面而深入的梳理。管子卓越的历史贡献，成就了其人、其书、其思想的崇高历史地位和丰富的文化内涵，如果就“管子”而论“管子”，将“管子其人、其书、其思想涉及的所有问题”给予系统性的阐释，谓之“通论”，显然可以在很大程度上深化管子的研究，这当然是一个大题目，很有价值，但现代学科分类越来越细致，而学科交叉又会不断形成新的研究成果。因此，这必然是一条无止境的跋涉之路，其结果虽然容易形成集成性质的浩帙巨著，但重复前人研究之嫌势必在所难免，给人留下的新鲜感或许也因此而大打折扣，尤其在文献学的研究和思想理论的义理研究方面。另一个是对“管子研究的情况”给予“通论”性质的研究。管子其人、其书、其思想涉及的问题纷繁复杂，历来争议颇多。孔子以来，对于管子其人、其书、其思想的研究世代渐昌，但对以往的研究情况给予系统梳理的研究并不多见。因此，以系统梳理管子研究情况为基本目的，从而为管子研究者们提供有关管子研究更为系统的学术信息，会更有

① 耿振东：《〈管子〉研究史（战国至宋代）》，学苑出版社 2011 年版。

利于帮助大家发现管子研究的学术罅隙,促进管子研究的进一步发展。这虽然是一项基础性的研究,但有益于促进管子某一方面研究的深入发展,也是一件非常有意义的事情。这一视角虽然外延看似相对狭小,但内涵是十分丰富的。这一研究视角,一方面在研究过程中易于把握,另一方面对促进管子某一方面的研究有着更为明确的实用工具性。有鉴于此,我们这里所谓的“管子通论”,选择的便是对“管子研究的情况”的“通论”性研究,即对历代管子研究信息的梳理,以求为管子研究的深入发展提供一些信息线索方面的帮助。

五、研究的范围与方法

既然我们的研究视角着眼于对管子研究情况的系统性综合梳理,而不是对“管子”的综合性研究,那么,研究内容的范围就有了一个比较清晰的轮廓。本课题研究的内容,主要涉及以下三个方面:

其一是对管子其人及其家族流变研究的信息梳理。管子的生平资料,春秋时期的文献记载寥寥无几,十分有限。但管子卓越的历史功绩和丰富的思想贡献,则多见有零散的记载。依据这些有限的资料,战国以来便有人开始对管子的生平给予梳理,最为著名的当属司马迁《史记》中的《管晏列传》。此后,关于管子生平的梳理和论述便不断出现。在梳理和论述过程中,学术界发现了许多颇有争议的问题,比如司马迁说“管仲夷吾者,颍上人也”,这个“颍上”究竟指的是哪里?又如,管仲生年究竟是哪一年?还有,管仲父亲的名字究竟是什么?这些围绕管仲本人出现的问题,在梳理管仲生平的过程中都很难绕过去,但又不容易把学界的观点统一起来。由管仲本人延伸而来的管氏家族的流变,问题也不少。比如管蔡之乱后管氏后人的流向轨迹问题,管仲做齐国国相时期管氏家族在齐国的情况,管仲死后管仲后人在齐国的情况,管仲死后在齐国的享祀情况,管仲死后在后世民间的地位问题,等等。这些问题,虽然间或有学者进行了一些研究,但缺乏系统的梳理,研究的系统性和一致性都存在着比较大的问题,都需要进一步的系统梳理。谱牒的研究在中国是一个很有影响的课题,由管仲研究延伸到管氏家族的流变、管氏家族谱牒的研究乃至于管仲作为民族精英的崇拜与敬仰,这都是非常有价值的课题。

其二是对管子其书研究信息的梳理。有管子而有管子的事功，然后才有《管子》其书。虽然没有《管子》的丰功伟绩便没有《管子》其书，但是，管子功业的卓越在提升《管子》自身价值的同时，也导致了《管子》成书的复杂性。这使得对《管子》的研究千百年来似乎成了一个相对独立的学术区块。这一部分的研究涉及的内容主要有四个部分，一是《管子》的成书过程、作者和形成年代，二是《管子》的注解与校勘，三是《管子》的思想内容，四是《管子》内容的借鉴与应用。这几部分内容，实际上有三个支撑点，考据研究属于基础研究，思想研究属于文化精神的传承研究，借鉴应用研究近代以来最前卫。值得注意的是，近代以来，伴随着学术文化发展转型的开始，《管子》一书因包含丰富的政治、经济、科技思想而具有突出的实用价值，引起了广大学人的关注，梁启超是这一时期众多管子研究中开拓性研究之翘楚。① 围绕管子思想的借鉴应用价值的深入研究，近几十年来在境内外普遍展开，因而信息量也最大。

其三是对管子境外研究信息的梳理。确切地说，对管子境外研究整体情况的系统梳理，是一件前所未见的事情。管子作为中国古代的文化丰碑，在境外要获得认可，不仅要面对一个多民族语言交流障碍的问题，而且中国古代社会长期的闭关锁国政策，也对管子的对外传播造成了很大的负面影响。因此，全面系统梳理管子的境外研究信息，本身就是一件非常艰难的事情，再加上学界以往的研究并没有在这一方面形成一个比较好的基础，因而我们今天在这方面的研究，实际上很有些筚路蓝缕的味道。

从以上三方面对管子进行"通论"性质的研究，在宏观的层面上所采取的方法，归纳起来主要有以下几方面特点：

一是信息收集整理与专题研究相结合。我们这里的研究，"通论"性质的学术信息收集整理是主体，但对一些以往研究比较薄弱的问题也会在搜集整理相关信息的基础上给予比较深入的研究。研究过程的总体把握是研究信息的收集与整理，比如在管子思想的研究方面，只是注重了历代研究信

① 王学斌：《梁启超管子研究述论》，《理论学刊》2011 年第 2 期，第 107～110 页。

息的收集与整理，而对其思想的进一步研究，哪怕是某一个案的研究，也没有去深入展开。但对一些以往研究比较薄弱的环节，比如对管子其人及其家族流变的研究，由于以往的相关研究多集中在对管子其人的认识方面，对其生平及其家族的流变学界少有研究，因而则采取了在着眼于相关信息搜集整理的基础上专题系统研究的方法，由此而对管子的形象及其理论加以辐射，力求在理论上能够与其他的研究相辅相成，形成一个比较完整的体系。

二是重视学术信息收集整理的时代性和学术研究信息的实用性。《管子》思想内容的研究是管子研究的重中之重，先秦以来新论辈出，不仅信息量巨大，而且年代久远，鱼目混珠者并不鲜见。对此，我们这里的信息收集整理采取了按照年代划分时段的方法给予阶段搜集梳理和集中评析，由此而凸显出了管子思想研究发展历史的轨迹。这一研究所提供的信息，一方面可以看出中国历史上某一时段对管子的关注重点和研究力度与深度，另一方面，通过对这些信息的平面比照，也可以看出当前管子思想内容研究中存在的学术罅隙。管子境外研究的信息收集与整理同样突出地反映了这一点。这一特点，使得研究的整体具有了比较现实的信息应用价值。

三是重视研究信息的收集广度。信息收集的广度是决定信息量的一个重要因素。为最大限度扩展信息量的收集，特别是对管子的境外研究方面，采取了按照不同语种分类搜集梳理和归类分析整理的办法。全世界民族众多，语言复杂。管子在境外的传播究竟有多少种语言，做出了怎样的贡献，要做好这样的一份收集整理工作实在是十分艰难的。在全世界超过100万人口使用的语言中，汉语是使用人口最多的语种，而与汉语交流比较多的语种，最有可能形成管子传播的语言环境。因而，我们按照语种分门别类地搜集整理某一语种的管子研究信息，由此而实现了不同语种管子研究的基本情况。这样，尽管我们的搜集或许并不完全，整理的情况更不一定系统完善，但这毕竟是一个“吃螃蟹”的举动，对于推动和引导管子境外研究的深入发展，其抛砖引玉之功与学术实用价值是显而易见的。

六、研究目的

中国社会已经进入了一个崭新的历史发展时期，努力提升民族文化软实力，建设和丰富民族文化精神家园，增强中华民族在世界舞台上的话语权，已经成为中华民族崛起的历史必然。管子作为中国优秀传统文化遗产的一部分，理所当然地应对其潜在价值加以深入发掘。

因此，我们这个“管子通论”的研究目标主要反映在两个方面，一是要尽可能广泛地收集有关管子研究的学术理论信息，构筑一个有关管子研究的信息高地，二是通过对有关管子研究信息的整理，以学术理论著作的形式，与已有的管子文献学研究与思想理论研究一道，构筑管子研究的最新前沿阵地。

围绕这样的研究目标，力求实现以下三个目的：一是以学术研究信息收集整理的形式，弥补以往管子研究相关不足，二是为管子研究的进一步发展提供寻找学术罅隙的参考资料，三是为民族优秀传统文化的传承和弘扬形成新的研究成果。

综上所述，管子是在东夷文化背景之下的齐文化沃土上成长起来的文化瑰宝，但他不仅是齐文化的，而且是中华民族的，更是世界民族发展史上的文化瑰宝。深入研究与发掘其潜在价值，既是对其传承与发展的历史责任，更是借鉴利用其潜在价值的学术职责。但愿管子研究更进一步，不断走向更为广阔的世界舞台。

第一章　对管子其人的再认识

读《管子》书而不知管子其人，犹如缘木求鱼、盲人摸象一般。因而我们先要来认识一下管子其人。管子是一个很有争议的历史人物，在他身上聚集的一些问题，千百年来聚讼纷纭，至今莫衷一是。我们在这里试图通过对其中一些言而又言甚至再言的问题加以简要梳理和粗略阐释，以求获得一些新的认识。

一、管子身世的勾勒

关于管子的身世，正史的记载极其简约，最为详尽的是《史记》。《史记》对他身世的记载分为两部分，在《管晏列传》中给予了一个系统的概括性介绍，在其他篇章中比较具体地给予了零散的介绍。“列传”的介绍虽然简约，但对管子身世的勾勒已经很清晰，其他的零散介绍，只是从不同的侧面进一步给予了丰富和完善。为了对这两个部分的介绍有更明晰的认识，我们不妨将“列传”的文字抄录于下：

> 管仲夷吾者，颍上人也。少时常与鲍叔牙游，鲍叔知其贤。管仲贫困，常欺鲍叔，鲍叔终善遇之，不以为言。已而鲍叔事齐公子小白，管仲事公子纠。及小白立为桓公，公子纠死，管仲囚焉。鲍叔遂进管仲。管仲既用，任政于齐，齐桓公以霸，九合诸侯，一匡天下，管仲之谋也。
>
> 管仲曰：“吾始困时，尝与鲍叔贾，分财利多自与，鲍叔不以我为贪，知我贫也。吾尝为鲍叔谋事而更穷困，鲍叔不以我为愚，知时有利不利也。吾尝三仕三见逐于君，鲍叔不以我为不肖，知我不遭时也。吾尝三战三走，鲍叔不以我为怯，知我有老母也。公子纠败，召忽死之，吾幽囚

受辱，鲍叔不以我为无耻，知我不羞小节而耻功名不显于天下也。生我者父母，知我者鲍子也。”

鲍叔既进管仲，以身下之。子孙世禄于齐，有封邑者十余世，常为名大夫。天下不多管仲之贤而多鲍叔能知人也。

管仲既任政相齐，以区区之齐在海滨，通货积财，富国强兵，与俗同好恶。故其称曰：“仓廪实而知礼节，衣食足而知荣辱，上服度则六亲固。四维不张，国乃灭亡。下令如流水之原，令顺民心。”故论卑而易行。俗之所欲，因而予之；俗之所否，因而去之。

其为政也，善因祸而为福，转败而为功。贵轻重，慎权衡。桓公实怒少姬，南袭蔡，管仲因而伐楚，责包茅不入贡于周室。桓公实北征山戎，而管仲因而令燕修召公之政。于柯之会，桓公欲背曹沫之约，管仲因而信之，诸侯由是归齐。故曰：“知与之为取，政之宝也。”

管仲富拟于公室，有三归、反坫，齐人不以为侈。管仲卒，齐国遵其政，常强于诸侯。

司马迁为管仲写的这个传，虽然简约，但十分中肯。其中的主要内容可以概括为几条：

1. 管子是颍上人；

2. 管仲少年时便与鲍叔牙共事，并结下了深厚的友谊，后经鲍叔牙推荐为齐桓公相，并帮助齐桓公成就了“九合诸侯，一匡天下”的历史伟业；

3. 管仲之所以能够得以帮助齐桓公成就合诸侯匡天下的伟业，关键在于鲍叔牙的推荐，所以说“天下不多管仲之贤而多鲍叔能知人也”；

4. 管仲任政相齐的成功秘诀就是“与俗同好恶”。用现代的话说，就是顺应民心所向；

5. 管仲的为政特点是“知与之为取”。因为深谙“与”“取”之道，所以才能够“善因祸而为福，转败而为功。贵轻重，慎权衡”；

6. 管仲生前富拟国君，但不受齐人诟病；

7. 管仲死后齐国遵从他的治国策略，齐国“常强于诸侯”。

在《史记》成书之前的众多文献当中，诸如《春秋》三传、《管子》、《国语》，等等，关于管子的记载就已经不为鲜见，司马迁对这些文献的记载都有所知晓，“列传”介绍的内容，只是对这些记载的概括和升华。千百年来学界关于管仲身世的认识，都是以司马迁的这个“传”中对管仲身世的勾勒为基础的。

但司马迁的这个勾勒并不是十分完美的，他看到的只是管仲任政相齐的伟大贡献，而对于捍卫华夏文化主体地位的“尊王攘夷”却几乎是忽略了。他在著名的《报任安书》中自陈撰著《史记》为“究天人之际，通古今之变，成一家之言”，为何忽略掉这一点令人有些难以理解，因为在他三百多年前的孔子就已经注意到了这一点。更何况，孔子在司马迁心目中的地位是十分崇高的，《史记·孔子世家》中司马迁对孔子的赞语是这样说的：

> 太史公曰：诗有之：“高山仰止，景行行止。”虽不能至，然心乡往之。余读孔氏书，想见其为人。适鲁，观仲尼庙堂车服礼器，诸生以时习礼其家，余祗回留之不能去云。天下君王至于贤人众矣，当时则荣，没则已焉。孔子布衣，传十余世，学者宗之。自天子王侯，中国言《六艺》者折中于夫子，可谓至圣矣！

司马迁既如是尊崇孔子，那么孔子盛赞的管子之一大伟业在这里简单略过，确乎有些遗憾。春秋时期的孔子对管子辅佐齐桓公合诸侯匡天下中“尊王攘夷”这一巨大贡献的评论见于《论语·宪问》：“管仲相桓公，霸诸侯，一匡天下，民到于今受其赐。微管仲，吾其被发左衽矣。”孔子这句话的意思是说，如果没有管仲，我们恐怕还要披头散发，穿左衽的衣服呢！暗含的意思就是文明还会处在很落后的地步。孔子的这句话，高度概括了管子对中华民族发展的巨大贡献。尤其是通过在合诸侯匡天下过程中对外来势力的打击，有力地捍卫了华夏文明的主体地位。管仲的“合诸侯匡天下”，用现代的话说，实际上也就是一种民族共同体意识的滥觞。孔子强调“克己复礼”，主张维护周王室的一统天下，所以他看到了这一点。大约是因为司马迁所处的汉武帝时代已经是皇权一统的帝国时代，既与孔子所处的时代不同，更与管仲所处的时代不同。因此，司马迁并没有把管仲“尊王攘夷”的历史贡献作为他的一大功绩而加以突出。

后世关于管仲的形象，大多是围绕着司马迁对管仲身世的这一框架性勾勒形成的，或许会有一些丰富与完善，甚或一些争议，但基本框架并没有发生新的变化。

二、管子的出生地

管仲的出生地是围绕管仲的身世形成的一个争议很大的问题。这主要是由于人们对《史记》中记载“颍上”的理解不同造成的。

司马迁说：“管仲夷吾者，颍上人也。”“颍”，指的是颍河，古又称颍水，属于淮河的一条支流。相传因为纪念春秋初期的郑国大夫颍考叔而得名。发源于河南登封境内的嵩山，流经河南周口和安徽阜阳，在安徽寿县境内注入淮河，为淮河流域最大的支流。“颍上”现为安徽省阜阳市的一个县名。由于对《史记》记载中的这个“颍上”之意理解不同，直接导致了对管仲里籍的认定出现了不同的观点。这些观点，综合来看比较重要的有以下几种：

一是认为管仲里籍就是今天的安徽省颍上县。① 这一观点把司马迁说的“颍上”与今天的安徽省“颍上县”之“颍上”等同起来，且发掘出了大量的推论材料为之作证。但“颍上县”作为一个县域的名称，是在隋代大业二年(606)才出现的，汉代的司马迁显然是不可能知道的，因而司马迁在《史记》中记载的“颍上”与隋代大业二年(606)出现的“颍上县”的“颍上”并不是一回事。尽管有一些民间传说和明清以后的历史建筑为证，甚或还有一些这样那样的推论，但其作为证据的支撑力度，在可信度方面十分乏力，甚至可以说是难以为凭的。

二是认为管仲里籍在颍水上游的管地。有一种依托文字字义解读的解释，认为司马迁所说的“颍上”指的是“颍河的上游”。按照中国古代语言学上的解释，“颍上”之“颍”指的是颍河，之“上”便可以解释为“上游”。因而，“颍上”就应当指的是“颍河上游”。管仲的里籍怎么又跑到这里来了呢？因为据《史记·管蔡世家》的记载，周武王曾分封了他的同母弟管叔鲜于管，

① 董玉梅：《管仲里籍考论》，《安徽省管子研究会2010年年会暨全国第五届管子学术研讨会交流论文集》，2010年，第60～62页。

这个“管”,《史记·管蔡世家》引《括地志》云:“郑州管城县,今州外城即管国城也,是叔鲜所封国也。”“集解”又引杜预注曰:“管在荥阳京县东北。”总之,管叔鲜的封地在颍河上游地区,而不是现在的安徽省颍上县。因为管氏始祖管叔鲜的封地在这里,所以管仲的里籍也应当在这里。而这个“颍河上游”并没有具体所指,管仲里籍也就只能归之于管叔鲜的封国“管”的所在地了。

三是认为管仲的里籍在颍河的北岸。中国古代文献中的语言表述,习惯上称“山之南面水之北面为阳,山之北面水之南面为阴”。由此而延伸开来,也就有了“山之南面水之北面为上,山之北面水之南面为下”之谓。据此,“颍上”指的应当是颍河的北面。但“颍河的北面”又过于宽泛,究竟是指哪里同样并没有具体的位置所指。因而管仲的里籍在哪里仍然未解。

四是认为管仲的里籍在齐国的“颍上”。近代以来,管子是齐国颍上一说也时有所论。梁启超有管子是“齐之颍上人也”之说。台湾的《中国文化基本教材》的《论语选读》中注释“管仲”时也说:“姓管,名夷吾,字仲,春秋齐颍上人。”但是,齐国并无颍水,也没有与颍水相关的地名,说管仲是齐国颍上人,大概只是因为管仲一直生活在齐地,所以就认为颍上就在齐国。因此,此说很有些臆测之嫌。“颍上”一词作为地名,早在《左传·成公十六年》当中就出现了,所谓“诸侯迁于颍上”之“颍上”,按照杨伯峻的解释,指的乃是“颍水之旁,当在今禹县境”。这里的禹县今隶属河南许昌,与古代的管叔封邑相近。此外,汉代的文献《说苑·尊贤》篇中还说“管仲故成阴之狗盗也,天下之庸夫也”。这个成阴,在今山东高密境内,现今高密境内仍多见管姓人家。因而又有说管仲是成阴人。如此等等,只可备一说而已,找不到更为有力的证据,臆断痕迹比较明显。

实际上,以上这些说法都存在着这样那样的不足,因而难以形成无可挑剔的证据链,难以自圆其说。考究起来,其间的共有问题是把管仲的里籍与出生地混为一谈。众所周知,“里籍”指的是故里、籍贯,“出生地”指的是某个人出生的地方。“里籍”与“出生地”可以是重合的,也可以是不重合的。“里籍”问题可能因为时过境迁而说不清楚了,但“出生地”问题一般是应当清清楚楚的。管仲的里籍是可以与管氏的发源地一致起来的,但管仲的里籍却不一定与管仲的出生地是一致的。管仲的“里籍”与“出生地”二者并不一定是一回事。

对此,有学者已经做出过分析,认为,“对于管仲的里籍问题,虽然学术界多有讨论,见仁见智,但确定为今安徽颍上应当是问题不大的。但是,这只能说是管仲的出生地,或者说是青少年时代的生活地。到了青壮年以后,由于管仲建功立业是在齐国,而且一直到死也没有离开齐国,所以,齐国应当是管仲的第二故乡”①。此说虽有一定道理,但仔细想来也有明显瑕疵。如果认定管叔鲜是管氏的始祖,管叔鲜的封地管并不在现在安徽颍上,那么,说管仲的里籍在安徽颍上就有问题,最多只能说管仲的第二故乡是现在的安徽颍上。但如果说管仲的出生地在现今的安徽颍上,那就要另当别论了。

管叔鲜是管氏的始祖,管叔鲜封管是西周初期的事情,管仲是春秋初中期的人物。公元前 1046 年周武王率领诸侯大军推翻了商纣王政权,公元前 1042 年,开始大封诸侯,管叔鲜应当是在这时候被分封到管国去的。《通志·氏族略》在“以国为氏”之“周同姓国”中说:“管氏,周文王第三子管叔鲜之国,其地今郑州管城是也,子孙以国为氏焉。”②管仲是公元前 645 年去世的,与管叔鲜被封前后相差了接近 400 年,管叔鲜为管氏始祖,封国在颍河上游,认为这里就是管仲里籍,应当问题不大。但管仲是否出生在这里,这就存在着很大的变数。按照《史记·管蔡世家》的记载,管蔡之乱后,周公旦采取的处置办法,一是“诛武庚,杀管叔,而放蔡叔”,二是“分殷余民为二:其一封微子启于宋,以续殷祀;其一封康叔为卫君,是为卫康叔”。这两项措施,实际上也就是把管、蔡的封国取消了:本来管叔、蔡叔是辅佐武庚的,杀掉了武庚和管叔,流放了蔡叔,原有的殷民一部分封给了微子启,以传续殷祀,一部分封给了卫。管叔、蔡叔原来的封国没有了,管叔鲜被杀之后,管叔鲜一族在这里已经没有什么地位了。还有,管叔鲜、蔡叔度都是周武王的弟弟,在周武王同母弟十人中排行并不在少小之列,司马迁的排列是:“长子曰伯邑考,次曰武王发,次曰管叔鲜,次曰周公旦,次曰蔡叔度……”从周武王

① 陈书仪:《管子大传》,齐鲁书社 2008 年版,第 23 页。

② [宋]郑樵:《通志二十略》,中华书局 1995 年版,第 48 页。

姬发能够指挥周灭殷商的战争来推测，管叔鲜、蔡叔度年龄也不会很小，妻室儿女也应当是有的。管叔鲜被杀以后，他的妻室儿女有两种可能，一是四散逃亡而去，一是在原地艰难度日。因此，管仲作为管叔鲜的后人，有可能是在管地出生的，也有可能是在其他的逃难落脚地出生的。由此可以想见的是，管仲的出生地并不一定就在管地。

综合来看，管仲是管叔鲜之后应当是可信的，管叔鲜的封国在颍河上游，说管仲是"颍上人"，是说管仲的里籍在"颍上"。但这个"颍上"并不是现今安徽省的颍上县，而应当是指"颍河上游"的管地。这种解释，大约相当于现今祖籍山东济南市的张三，随父母在北京工作，有人问他哪里人，他可能就说是"山东人"。如果填写个人档案，"籍贯"一栏也要填"山东省济南市"之类。而管仲的出生地，有可能在现今安徽省的"颍上"，也有可能在另外的地方，有学者认为管仲就是齐人①，也就是说，早在管仲出生之前，管仲的先人就来到齐地繁衍生息了，管仲的出生地在齐国。

管仲的出生地应当在齐国。从情理上推测，大约有四方面的原因：一是管仲的先人可能早就来到了齐国。对此，具体的时间和原因可以做这样的推测：管叔鲜被杀之后，其后人在管地生活不下去了，不得不四散逃难，有一支就在这时候逃难到了齐地。因为齐地这时候已经被周武王分封为齐国，首任国君姜太公，既是周灭殷商的首功之臣，在传说当中还是周武王的岳丈，同时他也参与了周武王组织的平定管蔡叛乱事件。姜太公有能力保护管叔鲜后人。这由姜太公的威望、地位和条件（齐国国君、周朝重臣）可想而知。管叔鲜后人在走投无路的情况下，极有可能投奔姜太公。二是姜太公有可能保护管叔鲜后人。管叔鲜与周武王年龄应当相差不大，姜太公既与周武王的父亲周文王有旧，又与周武王共事，与管叔鲜自然不会陌生。在管叔鲜被杀之后保护他的后人以免绝祀，对姜太公而言，自在情理之中，且又有条件。三是管叔鲜的后人来到齐国，远离了周武王的统治核心区域，显然更不容易引起周武王的猜忌，安全感更强。四是从管仲任政相齐所采取的方略看，他对齐国的地理环境与风俗习性是相当熟悉的，如果没有长期生活

① 战化军：《管仲评传》，齐鲁书社 2001 年版，第 21 页。

的实践体验,仅仅靠自己的生活经历是难以做到的。因此种种,大致上可以认为管仲就是齐国人,他的出生地就在齐国,甚至可以认为,他在齐国的先祖应当就是管叔鲜的儿孙辈。当然,这也只是一种推测,要得以认定,还需要搜集相关的证据加以详细说明。

三、管子的生卒年月

管仲的生卒年月也是一个不小的问题,长期以来也是聚讼纷纭。关于管仲的卒年,文献记载是比较明确的。《史记》中有两说,一是《齐太公世家》中说是"齐桓公四十一年",也就是公元前645年,一是《秦本纪》中说是"(秦缪公)十二年",也就是公元前648年。有学者认为管仲卒于"齐桓公四十一年",也就是公元前645年。① 对此学术界的认识基本一致,几无他说。最大的问题是对管仲生年的确定。

关于管仲的生年,由于文献记载的匮乏,在有限的文献记载中又缺乏确凿的证据,因而争议颇多。目前来看,争议较大的观点主要有以下三种:

其一是"颍上说"。这种观点认为管仲生于公元前723年的农历五月初五日。这种观点最早是在安徽省颍上一带的民间传说中出现的,然后经由龚武形成了比较系统的论证。②

其二可称之为"淄博说"。这种观点认为管仲生于公元前735年6月6日,农历为五月初一日。这一观点,在陈庆照的支持下,由陈书仪形成了系统的论证。③

其三可称之为"宗谱说"。此说见于青溪本《管氏宗谱》,谱中明确记载:管仲,讳敬仲,(居颍上)字夷吾,生于周桓王乙丑年(公元前716年)三月初三日巳时,卒于周襄王丙子年(公元前645年)十一月十三日,葬于青州临淄县南二十一里牛山之阿。也就是说,管仲生于公元前716年(周桓王乙丑年)三月初三日巳时。这一观点由邵先锋、王京龙根据管雷所保存的管氏家

---

① 林仲湘:《管仲卒年考辨》,《文献》1981年第1期,第129页。

② 龚武:《论管仲出生于公元前723年》,《管子学刊》2007年第1期,第13~17页。

③ 陈庆照、陈书仪、王京龙、李障天:《管仲生年考》,《管子学刊》2006年第2期,第18~21页。

谱提出，并形成了简要的论述[1]而公之于世。

上述三种观点，“颍上说”与“淄博说”的大前提基本一致，依据的都是口碑资料——安徽省颍上县一带的一个民间传说，即管仲生于戊午年、戊午月、戊午日、戊午时。[2] 此传说由当地村民冯传礼整理并提供。由于故事本身年代久远，内容加工痕迹明显，加之民间传说的可信度本身非常容易让人生疑，因而，由此而演绎出来的学术结论也就实在难以让人信服。“宗谱说”虽然看似至为详实，但实则同样没有举出可靠的论之所据。家谱的记载，在据无所出的情况下，也很有一些王婆卖瓜之嫌，因而也是让人摸不着头脑。

据史料的记载，管仲是齐僖公任命为公子傅的，齐僖公在位年限为公元前730年至公元前698年。如果以齐僖公死的公元前698年为基本参照，我们就以上管仲生年的三种认识可以得出下述推论：

第一，按照宗谱说的观点，管仲生于公元前716年，齐僖公死的时候管仲的年龄应当716－698＝18岁；

第二，按照颍上说的观点，管仲生于公元前723年，齐僖公死的时候管仲的年龄应当723－698＝25岁；

第三，按照淄博说的观点，管仲生于公元前735年，齐僖公死的时候管仲的年龄应当是735－698＝37岁。

而管仲出任公子傅的年龄就应当分别小于18岁、25岁、37岁。相比较而言，这三种观点都有一定的可信度，但是，我们以为确定管仲的生年还是以宗谱说为宜。原因有三：

第一，《管氏宗谱》记载的管仲生年是从唐代开始（甚或之前）由管氏宗族相延下来的，这有文字记载可证。孔子七十七代孙，特任大成至圣先师奉祀官孔德成在《孔子世家谱》序中说：“孔氏之有谱，自宋元丰始也。”由此可知，这部《管氏宗谱》比《孔氏家谱》还要早。既然《孔氏宗谱》可信，《管氏宗谱》也断不可完全弃之不取。再仔细揣摩《管氏宗谱》叙述的成谱过程，该宗

[1] 邵先锋、王京龙：《青溪〈管氏宗谱〉的发现与价值》，《社会科学论坛（学术研究卷）》2009年第2期，第122～126页。

[2] 安徽省颍上县政协文史委员会：《颍上历史文化集锦》，黄山书社2005年版，第255页。

谱似乎有着较高的可信度。

第二，古代人并没有现代人这么长的学习经历，在18岁之前建功立业的例子并不鲜见；更何况管仲做的仅仅是一个齐国的公子傅，当时的所谓“傅”并不等同于后来的所谓“教师”意义上的“师傅”，不能把管仲做的这个“傅”理解为教授公子纠学问的师傅或者老师，因为那时社会意识中并没有单纯的文士，文武分途是战国乃至更后一些时候才出现的。这个“傅”就是辅佐或者帮助的意思，大约相当于现代意义上的“好朋友”之类。这在年龄上来说也是讲得过去的。

第三，至于非要耗费若干脑细胞去把管仲出生的年、月、日、时考订出个子丑寅卯，窃以为则大可不必。对此种做法，钱穆在论及孔子生年时就早持有此论：“至于详考确论，不徒不可能，抑且无所用。今谓孔子生前一年或后一年，此仅属孔子私人之年寿，与世运之升降，史迹之转换，人物之进退，学术之流变，无足轻重如毫发。而后人于此，月之，日之，考论不厌其详”，实难“避劳且拙之讥”①。

王京龙在对管仲生年考述评的时候，曾经提出认可宗谱说的观点。② 认为对管仲生年认可《管氏宗谱》的记载，并不是说《管氏宗谱》的记载就是确凿无疑的，只是以为对于管仲生年之考订，同样可谓“仅属孔子私人之年寿，与世运之升降，史迹之转换，人物之进退，学术之流变，无足轻重如毫发”。既然没有确切文献史料可稽，又无考古发现可证，按照相沿成俗的观点确定管仲生年大约应当是一个比较合理的办法。实际上，中国历史上类似于“管仲生年”这样的无头案实在太多。同孔子一样，管仲作为中国历史上的一代伟人，我们现代人的确也有确定其生年的必要，在无所确考的情况下，世传宗谱的观点倒是值得重视。因为中国古代对于先祖神的祭祀是非常重要的事情，家族内部对于先祖祭祀日，不管准确与否，千百年来能够相沿成习，显然有着更强一些的合理性。现在的管仲墓碑上的墓志铭文中，采用的是管仲生于公元前715年说，与宗谱说几近相同，但笔者不知所据。对此，陈书

---

① 钱穆：《先秦诸子系年》，商务印书馆2001年版，第1页。

② 王京龙：《“管仲生年考”述评》，《济南大学学报（社会科学版）》2008年第5期，第69～71页。

仪在他的《管子大传》中再次进行了考论，进一步完善了他的结论，有其合理性。

因此，综合以上分析，我们认为，管仲生于公元前716年较有可信性，但管仲生年采用此说似乎仍有探讨空间。

四、管子在齐的形象

总体上看，管仲在齐的形象是比较光辉的。依据司马迁对管仲身世的勾勒，结合零散而有限的材料，我们可以得出以下几个方面的简要概括。

第一，生于乱世之中。公元前770年，因为内乱和犬戎的频繁入侵，尤其在其父周幽王为政腐败之后，周平王迫不得已将国都从镐京（今西安）迁到了东都洛邑（今洛阳）。周王朝从此开启了动乱的东周（公元前770年—公元前256年）时代的春秋时期。按照管仲生于周桓王乙丑年（公元前716年）的观点，周平王东迁洛邑之后54年管仲出生，春秋时期总共294年，管仲当是出生于春秋早期动乱的社会环境当中，在整体上可以说是动乱已经开始，但尚未进入不可控的大乱时期。

春秋时期的社会动乱，首先是从周天子的实力衰弱与诸侯的势力坐大开始的。对此，比管仲稍早的郑庄公是一位很有代表性的人物。郑庄公（公元前757年—公元前701年），姬姓，名寤生，是郑武公的长子。周平王东迁后，郑寤生世袭父亲郑武公的爵位，以周朝卿士和郑国国君的双重身份，取得了十分显赫的政治地位，活跃于当时的社会政治舞台，既得以在周室王廷耀武扬威，又能够独掌郑国朝政大权，属于当时呼风唤雨的政治人物。《左传·隐公三年》记载有关于他的一个非常经典的故事，叫作“周郑交质”，从此可以看出当时的周天子与诸侯君主之间的政治伦理状况：

> 郑武公、庄公为平王卿士。王贰于虢，郑伯怨王。王曰：“无之。”故周郑交质。王子狐为质于郑，郑公子忽为质于周。王崩，周人将畀虢公政。四月，郑祭足帅师取温之麦。秋，又取成周之禾。周郑交恶。

当时的郑庄公，既是郑国的君主，又是周平王的卿士，朝廷的执政重臣，大权在握，又很强势，久而久之，周平王便萌生了疑忌之心。于是就有意要把郑庄公在朝廷的权力分一部分给他的同僚虢公。郑庄公听到了风声后便非常生气，以为这是周王对自己的不信任，就跑到周平王那里去当面质问这究竟是怎么一回事。周平王本来就对郑庄公怀有畏惧之心，面对质问只好矢口否认，说根本没有这回事。但郑庄公不肯就此罢休，提出要周王室和郑国交换人质，以证明周王室和郑国的互信关系是牢不可破的。周平王骑虎难下，于是不得不答应了郑庄公的这一无理要求。周平王派自己的儿子狐到郑国去做人质，郑庄公派自己的长子姬忽到周王室去做人质，之后才算平息了这场风波。周郑交质是一件王室与诸侯之间（本质上也可以说是君臣之间）的人质交换事件，在形式上是平等的，在本质上是君臣伦理关系的严重错乱。它充分说明了王权的衰弱和诸侯的坐大，而且面对正在坐大的强权诸侯，周王室已经力不从心，无力控制了。

这就是春秋初期的周代社会。管仲就是在这样的社会环境下降生到人间的，他也正是在这样的社会环境中创造出了名垂青史的丰功伟业。

第二，历经生活磨难。管仲出身于没落的贵族世家，身上有着贵族的血统，这是没有问题的。他的远祖是周文王，他是周文王的直系后裔，但到他来到这个世界的时候，他的家庭大约已经进入到没落贵族之列了。究竟他的前辈们是否有过中兴，我们没有见到相关的记载，但在有关他年青时代十分拮据的生活记述中，我们可以发现其生活的艰难。在一些零散的文献记载中，管仲生活中的形象并不是很不体面：

《战国策·秦策》记载说，管仲曾经因经商不成功而隐居：“管仲，其鄙人之贾人也，南阳之弊幽。”鄙，国都之外的郊野曰鄙。贾，指的是小商贩。“鄙人之贾人”，大约是郊野之人家的雇佣小商贩。用现在的说法或许就是农村商人的雇工。此之“南阳”，当不是今河南省之南阳或诸葛亮的躬耕地之“南阳”，而是指春秋时期在齐、鲁交界一带的“南阳”，大约就是泰山以南的地区。山之南曰阳，故称泰山以南地区为“南阳”。“弊幽”是说生计艰难窘迫而隐居。这段记载告诉我们，管仲只是一个被生活所迫艰难挣扎于泰山南部一带郊野的小商贩，生意常常不好而生计窘迫，默默无闻。

《管子·小问》篇中还记载有管仲本人的一段自白，意思是说，管仲曾经做过养马的小官吏，因而深感“傅马栈”最难：

桓公观于厩，问厩吏曰：“厩何事最难？”厩吏未对。管仲对曰：“夷吾尝为圉人矣，傅马栈最难。先傅曲木，曲木又求曲木，曲木已傅，直木无所施矣；先傅直木，直木又求直木，直木已傅，曲木亦无所施矣。”

“圉人”指的是掌管养马放牧等事的小官吏，也泛指养马的人。管仲自称“尝为圉人”，就是说他曾经做过掌管养马的小官吏，或者是亲自为人养过马。所以他十分了解马厩里边的事务中“傅马栈最难”。“傅”，编次之意，这里是编排的意思。“栈”，这里是指竹木编成的牲畜棚或栅栏。“傅马栈”就是编排圈养马畜的栅栏。管仲的话是说，编排马栅栏是很难做的。编排中要用到很多木头，这些木头有直的，也有弯的。先用直的，到后边弯的就没法用了；先用弯的，到后边直的就没法用了。所以，最好的办法是把直的和弯的灵活调剂着使用。而如何调剂得恰到好处，却是一件很不容易的事情。这段记载告诉我们，管仲早年曾经给人家养过马，并且艰难的生活经历使得他从年轻时就是一个擅长认识生活并从中发现道理的人。

《说苑·尊贤》篇中还说“管仲故成阴之狗盗也，天下之庸夫也”。“成阴”有人认为在现今山东高密境内。这句话的意思是早年的管仲生活于现在的高密一带，穷困潦倒，事无所成，不过是鸡鸣狗盗之徒，天下一庸夫而已。

对于管仲的早年生活状况，流传最广的还是《史记·管晏列传》当中管仲那一段自白：

吾始困时，尝与鲍叔贾，分财利多自与，鲍叔不以我为贪，知我贫也。吾尝为鲍叔谋事而更穷困，鲍叔不以我为愚，知时有利与不利也。吾尝三仕而三见逐于君，鲍叔不以我为不肖，知我不遭时也。吾尝三战三走，鲍叔不以我为怯，知我有老母也。

这段自白高度概括了管仲早年坎坷的生活经历。大意是说，管仲年轻的时候与鲍叔牙在一起，做买卖要多分利，做官还不成器，作战又不勇敢，鲍叔牙对他的这些行为都非常理解，给予了充分的包容，管仲非常感激鲍叔牙的知遇之恩。从中我们可以窥测到，早年的管仲有着丰富的生活阅历，经商、当兵、入士都没有成功，在坎坷之中饱受了冷眼、冷落与挫折。管仲生活艰辛的落寞之感留给人们的印象，就是他青年时期便已经饱经沧桑了。一句“生我者父母，知我者鲍子也”道出了管仲体味社会、感恩社会的满腔热情。

第三，桓管一箭之仇。管仲之所以能够成就恢宏的历史伟业，最为关键的因素是遇到了齐桓公这样一位英明的君主。齐桓公为他提供了一个充分施展才能的广阔舞台，让他做了齐国的国相。没有襟怀坦荡、气度非凡的齐桓公，管仲便不会有这个充分施展才能的舞台。所以，管仲一生，成功的关键在于被齐桓公拜为齐国国相。而齐桓公之所以能够拜管仲为相，在于接受了鲍叔牙的建议。假设没有鲍叔牙的建议，或者齐桓公不听鲍叔牙的建议，当然就不会有齐桓公拜管仲为相一事的发生。对此，我们当然可以看作是历史的机缘，但对于管仲来说这实在是可遇而不可求的机遇。这个机遇并不是凭空而得的，而是管仲自身所具有的才能所决定的。也就是说，因为管仲有非凡的才能，所以机会才找到了他。

按照《管子》《国语》和《史记》等文献的记载，管仲在齐僖公时期就开始参与齐国的政治活动，与鲍叔牙、召忽在齐国宫廷之内形成了一个紧密的政治智囊团体。召忽说得很直白：“吾三人者于齐国也，譬之若鼎之有足，去一焉则不成。”有鉴于此，齐僖公就让他们三人做了他的公子的“傅”。“傅，辅也”，相当于后来的辅佐、师傅、教师，含有“相”的意思，主要职责是教导与帮助公子的成长。“傅”与“主”的关系是密不可分的命运共同体，主荣俱荣，主败俱败。“傅”，是一个政治博弈味道很浓的高风险职务。齐僖公生有三个儿子，长公子诸儿、次公子纠和幼公子小白。长公子诸儿是理所当然的储君，“傅”的问题自当另有安排。齐僖公就让管仲、召忽做了公子纠的傅，让鲍叔牙做了公子小白的傅。

齐僖公去世后，公子诸儿以嫡长公子的身份继承了君位，是为齐襄公。齐襄公基本上是一个昏君，在位十二年（公元前697年—公元前686年）期间，对齐国几乎没有什么积极的作为。对外凭借武力，连年征战，逞强于一方；于内生活荒淫无道，与其同父异母的妹妹文姜乱伦通奸，以至于与已经成为鲁桓公夫人的文姜生下了鲁桓公名义下的太子同，继而进一步杀死了应邀前来齐国访问的鲁桓公。齐襄公的荒淫无道，引起了齐国朝野的愤懑。先是公子纠和小白害怕国内滋生祸乱而祸及自身，各自出奔他国。管仲、召忽辅佐公子纠跑到了鲁国，这是因为公子纠的母亲来自鲁国，鲁在当时还是大国。鲍叔牙辅佐公子小白跑到了莒国，这是因为公子小白的母亲来自莒国，当时莒国的力量也比较强大。后来，因为齐襄公罢黜公孙无知的政治和生活待遇，引发了宫廷内乱，齐襄公在内乱中被杀身亡，齐国的最高权力随之出现了真空。

齐国最高权力出现真空之后，随即在公子纠与公子小白之间展开了你死我活的齐国君位之争。先是鲁国与齐国大夫密谋接纳公子纠回国继承君位，而公子小白自幼与齐国正卿高傒关系密切，齐国的卿大夫们商议确立新君时，高傒已暗中派人到莒国召公子小白归齐即国君之位。两派势力明争暗斗的结果，导致了君位争夺的斗争逐步升级。于是，鲁国派出了武装部队直接护送公子纠到齐国来，试图抢占君位，莒国也派出了武装部队直接护送公子小白到齐国来试图抢占君位。从地理位置上看，莒国在齐国的东南方，鲁国在齐国的西南方，殊途同归，可谓狭路相逢，勇者必胜。就在这两国部队同时向齐国进发时，为防止公子小白捷足先登，随同鲁国大部队前进的管仲技高一筹，另外率领一支小分队，朝着拦截莒国部队的方向赶去，意图半路阻止公子小白到齐国抢占君位。结果，管仲率领的部队在半路上与鲁国护送公子小白的部队相遇了，管仲的好友鲍叔牙也在其中。鲍叔牙对管仲虽有知遇之恩，现在二人却是各为其主。两军对垒之际，管仲提出要鲍叔牙与小白不要到齐国去与公子纠争夺君位，鲍叔牙与小白当然不会答应。劝阻无果，管仲冷不防开弓搭箭，一箭飞去，站在车上的公子小白便应声倒下了。情急之中，管仲自以为公子小白已经中箭毙命，调转马头扬长而去，大摇大摆地向鲁国国君和公子纠报喜去了。殊不知，管仲的飞箭，仅仅射中了公子小白的衣带钩，飞来的箭镞被铜质的衣带钩挡回去了，公子小白居然一点皮肉都没有伤到。公子小白应声倒下，实际上只不过是一种本能的假象敷衍。鲍叔牙见管仲回走的神态，确信管仲以为公子小白已死，于是立即与公子小白调转马头，扬鞭催马，火速向临淄赶去。结果鲍叔牙与公子小白抢先赶到临淄，在齐国大夫们的内应下，公子小白仓促登上了齐国国君的宝座，这就是历史上大名鼎鼎的齐桓公。公子小白虽然做了齐国的君主，却因此与管仲结下了一箭之仇。后来，鲍叔牙也曾用“勿忘在莒”的话提醒齐桓公，即使已经贵为国君，也不要忘本，不要忘记过去的艰苦岁月。

第四，桓管图霸拜相。当管仲怀揣着“公子小白已被射死”的喜悦回到鲁国国君率领的大部队那里的时候，喜讯自然制造出了一片欢呼雀跃。公子小白一死，公子纠也就失去了唯一的竞争对手，齐国君位自然也就非公子纠莫属了。喜悦的心情让鲁国的队伍前进速度立即放慢了下来。于是，当鲁国的部队来到距离齐国都城不远的乾时源头这个地方的时候，突然遭到了齐国部队的预设埋伏。原来，齐桓公即位以后，鲍叔牙立即提出了准备迎击公子纠的建议，齐桓公接受了鲍叔牙的建议，派出部队在乾时源头的山涧两侧设好了埋伏，等待着鲁国军队的到来。鲁国的部队发现中了埋伏以后，大吃一惊，慌乱之中只好丢盔弃甲，狼狈逃回了鲁国。

齐桓公刚即位，鲍叔牙就为他打了一个漂亮的大胜仗。公子小白自然非常感激鲍叔牙，于是就提出要拜鲍叔牙做齐国的国相，但鲍叔牙坚辞不受，极力推荐管仲。《国语·齐语》中记载有这样一段非常著名的佳话：

> 桓公自莒反于齐，使鲍叔为宰，辞曰：“臣，君之庸臣也。君加惠于臣，使不冻馁，则是君之赐也。若必治国家者，则非臣之所能也。若必治国家者，则其管夷吾乎！臣之所不若夷吾者五：宽惠柔民，弗若也；治国家不失其柄，弗若也；忠信可结于百姓，弗若也；制礼义可法于四方，弗若也；执枹鼓立于军门，使百姓皆加勇焉，弗若也。”桓公曰：“夫管夷吾射寡人中钩，是以滨于死。”鲍叔对曰：“夫为其君动也。君若宥而反之，夫犹是也。”

意思是说，齐桓公要任命鲍叔牙为国相，鲍叔牙说，我只不过是你的一个非常平庸的臣子，你使我不至于挨冻受饿，就已经是很大的恩赐了，如果要治理国家,我是不行的,你要想治理好齐国,非管仲不可。在任政治国方面,我有五个方面远不如管仲:以宽厚慈惠来安抚民众不及他,治理国家不忘根本不及他,为人忠实诚信征得百姓的信任不及他,制定礼仪足以使天下效法不及他,立于军门击鼓指挥使百姓加倍勇猛不及他。可齐桓公却念念不忘与管仲结下的那一箭之仇。鲍叔牙就劝解说,那是因为管仲要为他的主子竭尽全力啊。你若赦免了他的罪过,让他回来做你的国相,他也一定会全心全意为你出力。于是齐桓公终于接受了鲍叔牙的建议,派鲍叔牙率领部队到鲁国去,迫使鲁国杀掉了公子纠。召忽深感于公子纠被杀,自刎殉难。齐国又以齐桓公要亲手杀死管仲了却一箭之仇为名,迫使鲁国同意了把囚徒管仲交到鲍叔牙的手里。

齐桓公之所以能够接受鲍叔牙的建议,同意放弃一箭之仇而拜管仲为齐国国相,与他一同来治理齐国,是因为管仲的确有着过人之才。《韩非子・外储说左下》记载有这样一个故事:

> 管仲束缚,自鲁之齐,道而饥渴,过绮乌封人而乞食。乌封人跪而食之,甚敬。封人因窃谓仲曰:“适幸,及齐不死而用齐,将何报我?”曰:“如子之言,我且贤之用,能之使,劳之论。我何以报子?”封人怨之。

管仲作为囚徒离开鲁国进入齐国国境经过绮乌的时候,饥渴难耐,就向边关的官员封人乞求饮食。封人素知管仲大名,以为他这次回来,今日虽然为囚,明日必定为宰,前途不可限量。见到管仲有所请求,于是“封人跪而食之,甚敬”,并趁机对他说,你现在是囚徒,我这样好好地招待你,将来你做了大官,有权有势了,会怎样报答我呢?管仲就回答说,如果真能如你所愿,我没有特殊的本事报答你,你确实有贤德,我一定会重用你,你确实有才能,我也一定会给你合适的职位,你立了功劳,我也一定会给你应得的奖赏。言外之意,你如果有了罪过,当然也一定会严惩不贷。一个尚在囚禁中的人,生死尚且未卜,胸中仍有这样泾渭分明的原则,显然不是一般人所能企及的。

囚车到达齐国的堂阜,鲍叔牙为管仲举行了除灾仪式,后人为了纪念此事,在此地建了夷吾亭。这标志着管仲从重重劫难中解脱了出来,也标志着齐桓公用人贤明不避私仇的开始和管鲍莫逆之交纯洁与崇高品行的升华。

管仲从堂阜到达齐国都城临淄以后，以罪臣身份拜见了齐桓公。齐桓公则斋戒十日，拜管仲为相。《管子·大匡》篇中有一段齐桓公与管仲讨论治国目标的对话，很有意思：

> 桓公元年，召管仲，管仲至，公问曰："社稷可定乎？"管仲对曰："君霸王，社稷定；君不霸王，社稷不定。"公曰："吾不敢至于此其大也，定社稷而已。"管仲又请，君曰："不能。"管仲辞于君曰："君免臣于死，臣之幸也；然臣之不死纠也，为欲定社稷也。社稷不定，臣禄齐国之政而不死纠也，臣不敢。"乃走出，至门，公召管仲。管仲反，公汗出曰："勿已，其勉霸乎。"管仲再拜稽首而起曰："今日君成霸，臣贪承命趋立于相位。"

齐桓公按照鲍叔牙的建议要拜管仲为相，管仲接受相位时，提出了一个明确的条件，这就是把治理齐国的目标定为"称霸"。当然，这个"霸"就是"伯"，指的是春秋时期的诸侯之间相对公认的诸侯首领，具体而言也就是天子之臣，诸侯之长。这个"霸"，既不是周王室任命或封赐的，更不是诸侯公选的，而是纯粹依靠自己的实力赢取的。由此可以看出，管仲对于任政相齐的目标定位不仅十分明确，而且非常高，在齐国的发展历史上是一个前所未见的高度。而齐桓公对这一目标并没有信心，坚持认为只要能够"定社稷"即可。管仲解释自己目标定位的根据是"君霸王，社稷定；君不霸王，社稷不定"，并且固执己见，如果齐桓公不答应，管仲就宁愿弃职，去为公子纠死节。最后迫使齐桓公不得不勉强答应了管仲："其勉霸乎。"齐桓公已经做了国君，为什么不敢确立"霸"的宏伟目标呢？这与他的生活阅历、对天下大势的洞察能力以及对于掌控国家大政方针的智慧储备密切相关。管仲尚未任政就敢于坚定成就霸业的信心和决心，自然也是由他丰富的社会经验和胸怀天下的广阔胸怀以及他对齐国大局的把握能力决定的。齐桓公与管仲在齐国发展目标定位上达成了认识上的一致以后，管仲才得以完成了任政相齐的第一步。

齐桓公任用管仲为齐国国相,不仅彻底改变了管仲的囚徒身份,而且还给管仲施政创造了十分优越的工作和生活条件,《韩非子·难一》中记载了一个管仲为了做好国相与齐桓公要求提高自身待遇的故事:

> 桓公解管仲之束缚而相之。管仲曰:“臣有宠矣,然而臣卑。”公曰:“使子立高、国之上。”管仲曰:“臣贵矣,然而臣贫。”公曰:“使子有三归之家。”管仲曰:“臣富矣,然而臣疏。”于是立以为仲父。霄略曰:“管仲以贱为不可以治国,故请高、国之上;以贫为不可以治富,故请三归;以疏为不可以治亲,故处仲父。管仲非贪,以便治也。”

故事当中主要包括三个方面的待遇提高问题:

一是政治待遇。管仲对齐桓公直接提出了提高行政级别的问题:“臣有宠矣,然而臣卑。”国君你任用我为国相,把这么重要的职位给了我,我已经受宠若惊了,但我的行政级别并不高。行政级别低,社会地位就低,一个社会地位很低的人怎么能统辖管理国家大政呢。这话很有道理,于是齐桓公就“使子立高、国之上”。把管仲的行政级别提高到了高、国二卿之上。按照《礼记·王制》的规定:“大国三卿,皆命于天子……次国三卿,二卿命于天子,一卿命于其君……小国二卿,皆命于其君。”“大国”指的是“公”一级的诸侯国。齐国是“侯”一级的诸侯国,为“次国”。所以,齐国有三卿,“三卿”当中高、国二卿为天子任命,负有监国之责。管仲之卿位本由齐桓公任命,负责管理齐国国政,其职位显然要在高、国二卿之下。最初管仲虽然被拜为国相,有了管理国家的实权,但既要受到齐桓公的约束,自然也要受到高、国这两位监国之卿的牵制。政不由己,难以实现真正意义上的政出一门。于是,齐桓公就同意了管仲的要求,在齐国内部把管仲的地位提高到了高、国二卿之上,实际上就是实现了齐国内政由管仲一人独揽而对齐桓公直接负责的行政管理体制。这是一个力度非常之大的行政改革,对管仲来说,可以说享受到了所谓的内部待遇。行政管理制度本身是很严肃的,齐桓公对于中央政府的行政制度是没有权限改变的,但根据自己的需要,齐桓公在齐国内部说变就变了,赋予了管仲更大的施政空间,这本身也是一种很有胆识的变革。由此可见,不仅管仲有胆有识,齐桓公也并非等闲之辈,同样有着过人的胆识。

二是经济待遇。管仲对齐桓公提出提高经济待遇的问题很直接:“臣贵矣,然而臣贫。”于是齐桓公就“使子有三归之家”。管仲早年穷困,入士后不久便跟随公子纠流亡鲁国,与齐桓公争位失败后,以囚徒身份被押解归齐,随之得以任政相齐,其贫困境况是可想而知的。这时候虽然已经贵为齐国国相,但一方面是自身经济拮据的个人需要,一方面是“贫不能使贵”的施政环境需要,促使管仲需要具备与“一国之相”相当的经济条件。这是管仲的理论。齐桓公听后,认为管仲言之有理,就赐给了他“三归”的待遇。人们对“三归”的理解虽然历来有所不同(后面我们还有较为详细的说明,此不赘言),但总而言之,齐桓公给予管仲的“三归”,完全可以理解为一种比较富足的经济生活待遇。

三是尊敬和信任。管仲还对齐桓公提出了一个对他的尊敬和信任的态度问题:“臣富矣,然而臣疏。”意思是说,齐桓公你已经让我在政治上、经济上有了很高的待遇,我贵了,也富了,但还缺一样东西,这就是尊敬和信任。如果国君你对我尊敬和信任的程度不高,时时处处用狐疑的目光看着我,我怎么可以放开手脚实施国家管理呢!于是齐桓公就尊他为“仲父”。对于这个“仲父”的解释也比较多,有人认为管仲字“仲”,“父”是“事之如父”的意思。也有人说,“仲父”是古代君主对宰相重臣的一种尊称,《史记》记载说,秦国庄襄王死后,太子政立为王,曾经尊吕不韦为相国,就号称“仲父”。还有人说“仲父”就是“次父”,大致上与今之民俗称谓中所谓“干爹”之类的称呼相仿。总之,齐桓公给了管仲“仲父”的称号,显现出来的是对管仲的无上尊敬与信任。

针对管仲提出的政治、经济、情感方面的种种要求,齐桓公都给予了充分的满足,以此为管仲作为齐国国相的施政提供了坚强后盾和充分的发展空间。所以,有后人评论说,管仲以为贱不可以治国,所以就在政治上、经济上乃至亲疏关系上要求提高待遇,此乃“管仲非贪,以便治也”。这是管仲的高明:如果没有适宜的施政环境,仅仅有一个职位,时时处处有制约,受掣肘,天大的本事也是没法开展工作的。同时,齐桓公面对管仲的要求,审时度势，一一满足，这又是齐桓公的高明：这些给予对齐桓公来说本是无所谓的，管仲所能够成就的一切，都有助于齐桓公，齐桓公给予管仲所要求的一切，换来的是管仲的一颗赤诚治国之心。“予之为取”之道，齐桓公也是十分精通。正因如此，《管子·小匡》篇中说齐桓公虽然是一个好色、好酒、好猎的“三好先生”，却能够委政于管仲，从而使得齐国很快走上了春秋霸主地位。只有这样两个高明的人，才能够创造出这样高明的历史奇迹。

第五，桓管变革称霸。齐桓公拜管仲为相之后，管仲殚精竭虑辅佐齐桓公，在四十余年的时间里，成就了春秋第一霸主的历史伟业。管仲辅佐齐桓公成就的这个“霸”，在形式上突出强调的是对周天子一统天下的贡献，在内容上强调的是以齐国发展为中心的诸侯群体的服务长官。而这一既定目标的实现，可以说是完全得益于管仲任政相齐之后在齐国大力推行的一系列变革措施。这些变革措施，大致上可以分为三个突出的方面。

首先，在行政管理体制方面的变革，使得齐桓公与管仲之间形成了一种高度的政治信任，这样一种高度和谐的君臣关系，成就了管仲中国历史上第一实权“宰相”的历史地位。

宰相是中国古代行政长官职务的一种通称。“宰”的意思是主宰，在商代是管理家务和奴隶的一种官职；周代有执掌国政的太宰一职，也有掌管贵族家务的家宰和掌管一邑职务的邑宰。这时候“宰”实际上已经演变成行政长官的一种通称。“相”，本有辅佐之意，是对从事相礼之职的人的称谓。宰、相合称，在战国末期的《韩非子》一书中就出现了，《韩非子·显学》篇中记载：“明主之吏，宰相必起于州部，猛将必发于卒伍。”这里所谓的“宰相”，实际上就是一种行政职位。大约到了辽代的时候，“宰相”一词才演变成正式的官职名称。齐桓公拜管仲为相，管仲所做的这个齐国的“相”，虽然没有“宰相”之名，但职责权限却富具“宰相”之实。《管子·小匡》篇中记载说，齐桓公自称有三大毛病，一是“不幸而好田”。“田”就是田猎，也就是野外狩猎。喜欢狩猎，忙起来就把国家正事忘掉了。二是“不幸而好酒”，喜欢通宵达旦喝酒，喝起酒来什么也不顾了。三是“不幸而好色”，喜欢女色。这都是一些公子哥儿们普遍存在的纨绔甚或流氓习气。这样的一个国君，怎么治理好国家呢？管仲却不以为然，认为这都不是大问题，作为国君，只要善于用人,用好人,国家同样能够治理好。于是,齐桓公就把管理国家的重任全部交给了管仲,管仲因此也就成了齐国国家管理的实权派。由此来看,实际的情况,齐桓公是揣着明白装糊涂,管仲则是胸有成竹,另有所思。君臣二人之配合,可谓相得益彰了。正因如此,管仲才有机会大展宏图,被誉为"中国第一宰相"。管仲作为一个强权政治家,在齐国大权独揽,推行了一系列的变革,齐桓公为其开辟了十分宽阔的道路,其任政相齐以后推行的农业改革、税赋改革、居民管理改革等一系列的重大改革的成功实践,与齐桓公的大胆放权有着直接的关系。

其次,在治国理念上的明确定位,为管仲任政相齐实现霸诸侯、匡天下的宏伟目标奠定了坚实的思想理论基础。

管仲任政相齐之后,虽然与齐桓公确立了"霸"的宏伟目标,但如何实现这个"霸",只是提出了一个"君霸王,社稷定;君不霸王,社稷不定"的理论思路,尚没有形成具体的目标规划和措施。从相关的文献记载来看,管仲为了实现霸诸侯匡天下的治国目标,祭出的大旗是"礼法并重"和"尊王攘夷"。管仲接过治理齐国的重任,确立了两个重要的国家管理理念,一是面对周天子大权旁落,天下诸侯群起竞强的社会现实,在对外发展战略中打出"尊王攘夷"的大旗,假借维护周王室地位的旗号,号召天下诸侯共同创造安定和平的社会环境。再就是"礼法并重"。"礼法并重"是管仲主要在齐国内部治理过程中采取的管理理念,管仲要在齐国内部实现道德与经济生活水平的大提高。

"礼法并重"的提出本身也是一种深刻的变革。西周本身就是一个倚重礼乐管理的社会,管仲提出"礼法并重",既是对周王室的礼乐统治秩序的维护,也是对齐国经济发展环境的强调。《管子·牧民》篇中将之突出强调为一种行为准则,这就是礼、义、廉、耻:

> 国有四维,一维绝则倾,二维绝则危,三维绝则覆,四维绝则灭。倾可正也,危可安也,覆可起也,灭不可复错也。何谓四维?一曰礼,二曰义,三曰廉,四曰耻。

百余年后鲁文化土壤中崛起的儒学创始人孔子,对人的社会行为提出了忠、信、孝、悌的规范原则,由此而与管子的礼、义、廉、耻结合在一起,构成了千百年来对中国社会发展有着深远影响的基本道德规范。

管仲治齐提出并实践的这个"礼",与"法"有着密切的关系,而且在后来有突出的发展。"礼"与"法"之间不仅有着十分密切的关系,而且有着很深的文化渊源。笼统地说,最初的"礼"与"法"是融合在一起的,春秋战国时期"礼""法"逐渐开始分野,并形成了先秦时期的法家学派。法家学派主要有两大思想理论体系,一个是从春秋时期发展起来的齐法家,一个是从战国时期发展起来的三晋法家。齐法家学派后来在与鲁文化的交融汇通中与儒家文化形成了互补,三晋法家学派则以与先秦儒家文化对立为突出特征。三晋法家的思想理论在战国末期秦国一并六国的实践中见到了成效。汉代的"德主刑辅"法治体系,在借鉴"礼法并重"的齐法家框架基础上吸收三晋法家的有效内涵得以完成。直到现在,中国法制体系的人性化仍然有着"礼法并重"的影子。管子的"贵轻重,慎权衡"中"礼法并重"是一个带有根本性的思想文化理念保障。

"尊王攘夷"一词最早见于《春秋公羊传》一书,本意是"尊勤君王,攘斥外夷"。① 周平王东迁以后,周王室权威大大减弱,诸侯国内的篡权政变和各诸侯国之间的兼并战争开始不断发生。与此同时,周边的族群势力趁机入侵,华夏文明出现了空前的生存危机。齐桓公在管仲的辅佐下,打出"尊王攘夷"的旗帜,以诸侯之长的身份,挟天子以伐不服。倡导尊崇周天子之名,行帮助诸侯国攘斥外来势力侵扰之实,为维护周王室的一统天下做出了突出的贡献。此之谓"王",指的是周天子,"尊王"就是尊崇周天子。此之谓"夷",泛指一切侵扰周天子势力范围的外来势力。"尊王攘夷"政策的实施,使得桓管在周王室那里为齐国政治地位的提升找到了合法合理的依据,对保护中原经济和文化的发展产生了积极的促进作用,在为齐国自身的发展开辟更为广阔的发展空间的同时,也为华夏文明的存续做出了突出的贡献,尤其在中华民族的民族文化认同和民族共同意识的形成与发展方面,有

① 黄帝陵管理局编:《黄帝祭文集》,西北大学出版社 2014 年版,第 74 页。

着不可磨灭的历史贡献。应当指出的是，在管仲相齐桓公霸诸侯匡天下期间，虽并没有明确提出“尊王攘夷”这样一个行动口号，但在实践中形成了积极有效的实际行动，有其实而尚未形成其名，这个名号是后来才出现的。因而，管仲辅佐齐桓公霸诸侯匡天下的“尊王攘夷”行为，实际上是后来所谓“尊王攘夷”的滥觞。

再就是在治国理政的措施方面，管仲在齐国的具体管理过程中采取了一系列的变革，创造了一些前所未有的管理措施。司马迁在《史记·管晏列传》中把桓管称霸的成功经验总结为两点，这就是“贵轻重，慎权衡”和“与之为取”。

长期以来，人们习惯把管仲思想理论中的“轻重”看作一个经济理论概念，实际上并不尽然。在管仲的思想理论中，多与少、好与坏、先与后、高与矮、成功与失败等理论范畴，都可以用“轻”与“重”来表述。管仲那里的“轻”与“重”与中国古代哲学中的“阴”与“阳”差不多，指的是事物矛盾的两个方面。“贵轻重，慎权衡”就是要小心谨慎地处理事物发展过程中自身的矛盾关系，权衡利弊得失，用辩证的思维方式趋利避害，追求最大化的利益所得和最小化的危害所致，也就是通常所说的“两害相权取其轻，两利相权取其重”。因为“贵轻重”所以才会有“慎权衡”；因为“慎权衡”才能够做到“因祸而为福，转败而为功”。这都是有着显明因果互动关系的。管仲把这样的一种哲学理念运用到了国家管理的具体实践当中，这是他的国家管理成功的关键因素和高明之处。对于《管子》的这一“轻重”理论的产生历来颇有争议，但在《国语·周语》中就出现了“权轻重”一词，指的是春秋时期的单穆公对货币材料的称量，也就是货币作为一般等价物的价值大小的衡量，是一个单纯的经济概念。春秋末战国初越国出现的“计然之策”、魏国出现的李悝“平籴法”，也是从经济学角度对“轻重”的具体实践。应当说，在中国历史上，“轻重”一词在经济学领域使用较多，在《管子》书中谓之“轻重”的一组文章中，“轻重”也是经济学的概念。但综合来看，司马迁把管仲的“轻重”看作一个管理学中的哲学理念问题，确实也是很有见地的。大致上来看，管仲在治理齐国的过程中使用了“贵轻重”的理论，司马迁的概括是对管仲这一理论意识的高度升华。

这里还有一个发展齐国与匡扶天下关系的协调问题，也就是"君霸王，社稷定；君不霸王，社稷不定"。在这样的既定方针指导下，致力于齐国自身的发展是第一位的，同时又必须要重视诸侯国之间的关系协调。这实际上也是在争取齐国自身发展的和谐稳定的社会环境。对此，文献当中多有记载，说齐桓公首霸春秋"九合诸侯，一匡天下"。据有关考证，齐桓公会盟诸侯绝非是九次，而且多是和平政治外交。[①]《谷梁传·庄公二十七年》说，齐桓公会盟诸侯，"衣裳之会十有一，未尝有歃血之盟也，信厚也。兵车之会四，未尝有大战也，爱民也"。《管子·中匡》篇中还说："管仲会国用，三分二在宾客，其一在国。"外事活动的经费支出则高达财政收入的"三分之二"。武力征伐、军事威胁之类的诸侯交往，在齐桓公首霸春秋的几十年中，并不多见。为什么会这样呢？原因就在于一个"贵轻重，慎权衡"问题。战争，今天看来仍然是一个烧钱的机器，古代的战争同样也需要巨大的人力物力付出。政治外交与军事战争相比较，前者无疑更为有利。管仲面对庞大的外事活动需求和齐国自身的经济实力状况，"贵轻重，慎权衡"，显然是绝对不会拿着鸡蛋往石头上砸的。

第六，管仲的临终交代。《管子》书中在《戒》和《小称》篇中有两处比较详细地记述了管仲对齐桓公的临终交代，用现代的话说，也就是临终政治遗嘱。这两处记载中介绍了管仲对齐桓公的两个至诚嘱托，一个是劝谏齐桓公不要让鲍叔牙担任国相，一个是劝谏齐桓公赶走易牙等近侍。

按照《戒》篇中的记载，管仲病重期间，齐桓公前去探视他，并针对管仲的病情与管仲商讨最坏的打算："仲父之疾甚矣，若不可讳也。不幸而不起此疾，彼政我将安移之？"齐桓公要与管仲讨论管仲身后的接班人问题。齐桓公提出的人选是鲍叔牙。但管仲明确表示不同意，他认为鲍叔牙是个好人，但不能为官任政：

> 鲍叔，君子也，千乘之国，不以其道予之，不受也。虽然，不可以为政。其为人也，好善而恶恶已甚，见一恶终身不忘。

---

① 张玉书：《"九合诸侯"浅释》，《管子学刊》1989 年第 3 期，第 88 ~ 91 页。

鲍叔牙为什么不能接替管仲为齐国的国相呢？原因是管仲认为，鲍叔牙有一个很大的缺点，就是“见一恶终身不忘”。换言之，也就是心胸不够宽广，包容度不高，对人旧恶难忘。为官任政是要与各种各样性格的人打交道的，而每个人有每个人的特点，作为一国之相，必须要有广阔的胸怀，这样才能在自己的周围形成一个十分和谐的氛围。这是作为一国之相的基本条件。鲍叔牙“见一恶终身不忘”，憎恶过于分明，心胸比较狭窄，显然是不适宜做齐国国相的。也就是说，在管仲眼里，鲍叔牙是个好人，但做不了好官。我们知道，管仲对于鲍叔牙是有知遇之恩的，但即便是国君的提议，垂暮之时的管仲同样也是不同意的。由此可见，管仲的一生，即便是到了暮年的时候，仍然是以国家的根本利益为出发点的，而不是把个人的恩怨得失放在第一位。

《戒》和《小称》这两篇文章中还都提到了管仲劝谏齐桓公驱逐易牙等近侍的事情。由于长期放手管仲独掌朝政，逍遥自在的齐桓公身边便聚集了诸如易牙、竖刁、卫公子开方、堂巫等一些颇得宠信的奸佞之臣。

易牙，也作狄牙，是齐桓公的御用厨师。民间有人把他封为中国古代的烹饪大师、鲁菜的祖师，但他最著名的烹饪“杰作”就是烹子献糜，也就是杀了自己的儿子为齐桓公贡献了一道人肉羹美食。齐桓公对此甚为感动，认为他为了满足自己的口味，连儿子都杀了，可见他是多么忠诚啊。齐桓公好色而多内宠，竖刁本来是一位正常的青年男子，他主动把自己阉割了，要求专门为齐桓公管理内宫事务。不惜自宫净身而为自己服务，齐桓公同样非常感激，以为竖刁真是好人。卫公子开方本是卫国国君的儿子，可他甘愿从卫国来到齐国，为齐桓公做了一名卫兵，从卫国到齐国不过十几日的路程，但他时刻跟随在齐桓公身边，竟然十五年都没有回到卫国看望一次自己的父母。齐桓公看在眼里，喜在心上，认为开方对自己也是万分忠诚。堂巫是个负责占卜的，他总是察言观色，齐桓公喜欢什么他就会说什么。齐桓公认为这四个人对自己忠心不贰，最值得信赖依托。而管仲在生命垂危的时候，却对齐桓公提出，这些人都是奸佞之臣，必须要坚决予以驱逐。原因就是“人之情莫不爱其子”，“人之情莫不爱其身”，“其父母之不亲也，又能亲君乎？”他们的行为都超出了人之常情，让人不可理解。他们看起来像是对国君忠心耿耿，倍加爱护，实际上这不是忠心，是贪心，贪心背后隐藏的就是深不可测的祸心。他们都贪求从国君这里得到比他们的子女、父母和自身更重要的东西。他们敬爱的不是国君你这个人，而是你手中的权力和身处的地位以及国君身后的巨大潜在价值。这些人贪欲无边，十分阴险可怕，一旦机会来了，就会祸国殃民，给齐国带来不可预料的祸害。

管仲死后，齐桓公出于对管仲的高度信任，果然就把易牙、竖刁、开方、堂巫等人从身边驱逐了。可是，身边少了阿谀奉承之人，齐桓公很不舒心，坐卧不宁，寝食不安，思之再三，就对管仲的意见犹豫了，以为管仲所说也不一定都是对的，于是又将他们召了回来。这时候齐桓公已经卧床不起了。齐桓公由于“好内，多内宠”，公子众多，且诸公子皆有继承君位之心。齐桓公虽早已立有接班太子，但暮年卧床之后，威势不再，易牙、竖刁、开方等人就把躺在床上的齐桓公禁闭了起来，分头投入到诸公子树党争位的争斗中去了，以至于齐桓公死后人们都不知道。直到尸体腐烂生出蛆虫，蛆虫又爬出户外之后，人们看到了蛆虫，才知道是一代霸主齐桓公死了！文献记载说，齐桓公死后“六十七日”，“盖以杨门之扇，二月不葬也”。

第二章 《管子》其书概说

管仲死后，后人感念管仲的辉煌业绩，开始对他治齐的经验和他本人的一些传说进行总结和阐释，形成了管子事迹和思想的社会流传，随之便有了《管子》的行世。但由于时代的久远和资料的匮乏，围绕《管子》一书，长期以来有许多问题一直聚讼纷纭。在此对几个比较突出的、宏观的问题，予以简要介绍。

一、《管子》的作者及年代

关于《管子》的作者，学术界历来多有争论。综合来看，主要有三种观点。一是管仲自著说。早期文献记载一般都认为是管仲自著。这种观点认为，春秋时期的管仲写下了《管子》一书。如唐代司马贞在《史记索隐》中直接说"牧民""山高""乘马""轻重""九府"，"皆管氏所著书篇名也"。宋代的苏轼在他的《管仲论》中说："尝读《周官》《司马法》，得军旅什伍之数。其后读管夷吾书，又得管子所以变周之制。"直接把《管子》称作"管夷吾书"。而《汉书》等史志著录《管子》时，也是直接将《管子》的撰者标为管仲。后人对这种观点质疑者很多，比如那个时代的管仲，相齐治国四十余年，可谓日理万机，能有时间写出这样的文章吗？当时的语言文字表达水平是否达到了这样的高度呢？即便能这样，又是如何保存并流传下来的呢？这都是一些很重要的疑问，并且这些疑问都无法得到合理的解释。二是部分为管仲自著说。有学者认为，《管子》的内容，有部分为管仲自著，另外一些文章是后人掺杂进去的。此说最早始于西晋时期的傅玄，《汉书艺文志考证》引晋傅玄说："管子之书，半是后之好事者所加。"近年来，也有许多学者提出了《管子》中有管仲部分遗著的观点。三是后人著述说。这种观点否认《管子》中有管仲自著的内容,认为完全是后人所作。如唐代孔颖达在《左传正义》中就说:"世有《管子》书者,或是后人所录。"宋代朱熹在《朱子语类》中说得更直白:"《管子》非仲所著。仲当时任齐国之政,事甚多。稍闲时,又有三归之溺,决不是闲功夫著书底人。著书者是不见用之人也。其书老庄说话亦有之。想只是战国时人收拾仲当时行事言语之类著之,并附以它书。"后来,如清代章学诚及近代的胡适、傅斯年等,皆主张《管子》非管仲所作。

今人的研究,有人认为管仲就是《管子》的作者。罗以迪依据"《管子》是管仲国家管理学。它以我国春秋时代齐相管仲如何辅佐齐桓公'勉力图霸'的亲身实践所得亲知为基础,主要论述如何管理国家的学问"这样一种理论认识,认为"由于我国学术界基本上沿袭朱熹对管仲是《管子》作者的否定说,所以得出错误结论:《管子》非管仲亲著。笔者通过对《管子》的学习,得出与此相反的看法,认为管仲是《管子》的作者"。[①] 也有人认为《管子》的作者是管仲及其后世好事者的作品:"《管子》一书既有管仲之所作,亦有很多篇章为后人之补续,所以晋代傅玄推论:'管子之书,半是后之好事者所加。'南宋叶适论断说:'《管子》非一人之笔,亦非一时之书。'黄震《日抄》中说:'《管子》书不知谁所集,乃庞杂重复,似不出一人之手。'这些说法,是完全正确的。"[②]但总体上看,《管子》书并非管仲一人一时所著,这已是学界相对公认的结论。但《管子》中是否有管仲所著,或者说哪些篇目为管仲遗著,以及一些具体篇目的断代问题,则时有新论问世。

由于《管子》内容的庞杂,首先使人们感觉到了成书过程的复杂性,进而便是人们对于这部书的作者问题争论不休的学术论战以及篇目断代的考订问题。对此,汉唐以来就一直聚讼纷纭,有些问题甚至至今仍莫衷一是。现代的人一般认为,《管子》中有一部分是春秋时期管仲的思想,也包括有春秋至战国乃至汉初的一些人对管仲思想的阐释阐发,甚至是假借管仲之名对管子相关思想进行的阐发。因此,把《管子》完全看作管仲的作品是不客观的。鉴于《管子》作者存在着如此复杂的不确定性,关于《管子》的成书年代,也就进一步凸显出了相应的复杂性。一般认为《管子》有部分春秋时期

---

① 罗以迪:《试论〈管子〉作者》,《管子学刊》1994 年第 2 期,第 65 ~ 70 页。

② 邓加荣、张靖:《〈管子〉作者及年代考》,《博览群书》2011 年第 11 期,第 94 ~ 98 页。

的作品,但大部分篇章形成于战国时期,主要形成于齐国的稷下学宫当中,也有一些篇章可能是在秦汉时期形成的。这只是一个大致的情况,时下的文献学研究中,有不少关于《管子》的研究成果论及了这些问题。这些问题很复杂,说起来旁支繁复,尤其是说来说去并没有见到新的证据,因而也就没有新的观点。

以上所述,只是一个关于《管子》作者以及成书年代情况的概说。目前为止,关于这些问题并没有新的观点出现,时而出现的一些新的认识,也基本上是在这个基本框架之内的对一些具体问题的新认识,比如某篇文章的年代断定问题。至于《管子》一书整体的成书年代究竟哪一种观点是正确的,这还是需要学术界的进一步探究;而在具体环境中采用哪一种观点为好,这又需要根据具体情况具体分析了。但有一点是必须要明确的,这就是《管子》的作者和成书年代是很复杂的,在实际应用中一概而论是不合适的。这已经是学术界的共识。在此基础上,对其中的具体篇目和思想观点的学术定位,需要区别对待,不可等一划之。至于管子其人与我们今天所能够见到的《管子》其书,自然也不是一回事,更不可等同起来看待。

二、《管子》的产生

管仲辅佐齐桓公霸诸侯匡天下,功业恢宏,从发展齐国和拱卫王室两个方面,在中华民族发展和华夏文明进步中做出了不可磨灭的历史贡献。对此,先秦史籍和众多文献当中多有记载。其中《春秋》三传、《国语》等文献中都有比较翔实的资料,《孟子》《庄子》《韩非子》《墨子》《荀子》《文子》《列子》《鹖冠子》等相关内容的记载也比较丰富。孔子在《论语·宪问》篇中对管仲的业绩给予了极高的评价:"桓公九合诸侯,不以兵车,管仲之力也。如其仁,如其仁。"又说:"管仲相桓公,霸诸侯,一匡天下,民到于今受其赐。微管仲,吾其被发左衽矣。"这些记载反映出来的基本事实是,《管子》正是在管仲辅佐齐桓公霸诸侯匡天下恢宏业绩的基础上产生的,没有管子的卓越事功,便没有《管子》的产生。

关于《管子》的产生及其过程,学术界至今莫衷一是。如果从其思想内容的产生算起,最初的端点当然是在春秋时期的桓管称霸过程中,因为管仲的思想在桓管称霸过程中不仅得到了充分的传播，而且有了成功的实践。管子的思想理论是在管子的治齐实践中创造出来的，这实在就是《管子》这部书得以形成的最坚实的基础，这一点是毫无疑义的。如果要从思想流传的出现来看，大约最晚在战国中期就已经形成了，其证据就是《韩非子·五蠹》篇所说的："今境内之民皆言治，藏商、管之法者，家有之。"韩非子在这里所说的"管之法"，显然就是指的早期的《管子》，虽然这肯定不是今见《管子》的全部，但明明白白地告诉了我们《管子》在这一时期的真实存在。

因此，对于《管子》的产生问题，千百年来基本的共识应当是这样的：《管子》产生的基本根据是管仲辅佐齐桓公霸诸侯匡天下的恢宏业绩，根本的思想源头是管仲辅佐齐桓公霸诸侯匡天下的理论和实践，现今见到的最早《管子》的成书记载，最晚是在战国晚期的《韩非子》中开始出现的。

三、《管子》的结构

言及先秦诸子文献，有两部书非常特殊，一部是《管子》，一部是《吕氏春秋》。这两部书，虽然不符合《汉书·艺文志》所说的"各引一端，崇其所善"的九流之学分辨标准，但其内容十分丰富，在先秦诸子文献中有着独特的地位。这个"独特的地位"，其根本的共性是其综合性学术理论著作的特点非常突出，是其他先秦诸子所无可比拟的，因而素有"百科全书"之誉。其内容虽然看似庞杂，却又可以从多学科的角度来认识，发掘其思想内容方面巨大的潜在价值。而《管子》与《吕氏春秋》又有各具千秋之论。《管子》一书假以"管子"之名，大部分内容是对事实的总结与阐释阐发，作者以及成书情况、思想理论的学派归属，等等，都表现出了极度的复杂性；《吕氏春秋》一书作者明确，立论清晰，就是一部关于治国理政的资政理论书，其最突出的特殊点是后人对它的学派归属难以认定。对《管子》的认识，思想内容之外，最基本的是它的结构、演变过程及其突出特点。

今见《管子》的蓝本是由汉代的刘向编定的。刘向校书并不限于文字，主要的还是涉及篇章问题。因为刘向所得到的《管子》一书版本很多，内容有多有少，篇章分合也不一样，因而其校书的基本目的是要形成一个统一版本的《管子》。为了得出一个《管子》的定本，刘向参校众本，删除复重，编定篇章，耗费了很大的心血。《管子》经由刘向校雠编定为86篇，《汉书·艺文志》著录86篇，到《四库全书》里边，原来的86篇已经亡佚10篇，这亡佚的10篇已经有目无文了。

就其内容而言，《管子》中的全部内容按照类别不同大致上可以分成以下八个部分：

一是“经言”部分。这一部分内容应该与管仲有着较为密切的关系。包含有《牧民》《形势》《权修》《立政》《乘马》《七法》《版法》《幼官》《幼官图》，共九篇文章。这些文章，尽管或许也经过了后学的整理，但与管仲创造历史事实的时间相去不会很远。按照诸子文献的编辑成书惯例，一般尊称师说为“经言”，“经言”在子书当中一般仅包括老师自著或老师语录，而弟子所作是不能称为“经言”的。据此推测，这部分内容当是《管子》全部内容的核心部分。

二是“外言”部分。这一部分内容当是阐发管仲基本思想理论的文章，包含《五辅》《宙合》《枢言》《八观》《法禁》《重令》《法法》《兵法》，共八篇。其中的大部分篇章都应该属于阐释管仲思想的作品。这一部分内容虽然不同于“经言”，但可以看作“经言”部分思想的延伸或扩展，其思想与“经言”部分的基本精神是一致的。

三是“内言”部分。这一部分内容包含《大匡》《中匡》《小匡》《王言》《霸形》《霸言》《问》《谋失》《戒》，共九篇文章。其中《王言》与《谋失》二篇的内文已亡佚，有目无文，故现存七篇文章尚可见其内容。这九篇文章中，《大匡》《中匡》《小匡》三篇是管仲的传记，可与《国语·齐语》以及《史记·齐太公世家》等文献中的记载相互印证，可信度较高。郭沫若怀疑“匡”字乃“簿”字之假，“簿”同于“简”。故《大匡》盖齐官书，为二尺四寸简书；《中匡》《小匡》为私家著述，《中匡》为一尺二寸简书，《小匡》为八寸简书。“简制有长短，而内容亦有出入。”①这一部分内容主要以记载管仲的言行事迹为主，除《霸言》篇是论说文，《问》是调查提纲以外，其余各篇的内容都是记载管仲事迹的。

① 郭沫若：《管子集校·叙录》，《郭沫若全集》历史编第五册，人民出版社1984年版，第429页。

四是“短语”部分。这一部分包含有《地图》《参患》《制分》《君臣上》《君臣下》《小称》《四称》《正言》《侈靡》《心术上》《心术下》《白心》《水地》《四时》《五行》《势》《正》《九变》共十八篇文章。其中《正言》的内文已亡，有目无文，故现存十七篇文章。这些文章并没有一个突出的主题，以“短语”命名，顾名思义，显然只是由一段一段的“短语”连缀成篇而已。从各篇章反映的内容情况来考察，部分篇章符合这一特点，但也有些篇幅较长、结构完整的论文，如《君臣》上下和《侈靡》以及《心术》上下等文章，显然与“短语”之名称并不尽吻合。

五是“区言”部分。这一部分文章阐释的当是十分重要的内容，所谓“区言”，就是重要言论之意。这部分文章内容所论多为治国过程所能够用到的一些大政方针，包含有《任法》《明法》《正世》《治国》《内业》共五篇文章。其中的《内业》一篇与“短语”部分的《心术》上下和《白心》属于同一主题，学界通常称其为“《管子》四篇”。

六是“杂言”部分。这一部分文章的编组当是出于两个方面的原因，一是内容杂乱而不属于治国要旨，二是文体杂乱而不适合归于上述任何一部分。因此，这一部分的文章类似于今之谓“杂记”之类的作品。其中包含有《封禅》《小问》《七臣七主》《禁藏》《入国》《九守》《桓公问》《度地》《地员》《弟子职》《言昭》《修身》《问霸》，共十三篇，而《言昭》《修身》《问霸》三篇内文已亡佚，现存十篇文章。其中的《封禅》一篇记载葵丘之会以后齐桓公欲封禅被管仲劝止一事，此内容的记载又见于《史记·封禅书》；《弟子职》一篇讲述的是学生的行为规范，被认为是稷下学宫的学生学则。这两篇文章的独立性相对要更强一些。

七是“管子解”部分。这部分内容包含有《牧民解》《形势解》《立政九败解》《版法解》《明法解》共五篇。其中《牧民解》的内文已亡佚，有目无文，故现存四篇文章。这一部分文章全部为解文，与“外言”部分中的《宙合》篇的“经”与“解”合二为一的撰写体例不同，由“解”文独立成篇。现存四篇文章，全部是对“经言”中的部分文章的解文。

八是“轻重”部分。现存十六篇文章，比较集中论述了管子的“轻重”理论，包含政治、经济、外交、军事等诸多方面思想，但在经济方面最为突出，比较集中地反映了《管子》的经济思想。包括有《臣乘马》《乘马数》《问乘马》《事语》《海王》《国蓄》《山国轨》《山权数》《山至数》《地数》《揆度》《国准》《轻重甲》《轻重乙》《轻重丙》《轻重丁》《轻重戊》《轻重己》《轻重庚》，共十九篇文章，其中的《问乘马》《轻重丙》《轻重庚》内文已亡佚，有目无文，故现存十六篇。这里的“臣乘马”，又作“巨乘马”“匡乘马”，乘马是计算筹划的意思。“轻重”一组文章，多以齐桓公与管仲问答的形式，论述轻重之术，以经济问题为主要内容，但又不限于经济领域，是《管子》轻重理论的集中反映，体现了《管子》的经济思想理论体系。

至于《管子》为何分为以上八个大的类别，又是何时何人所分，各篇分类的标准是什么，均不见有明确的记述。后来也曾有人不认同这一分类，试图打乱这个结构，形成一个新的结构系统，比如近人石一参就曾在这方面做出了积极的努力。他在他的《管子今诠》中把刘向编定的《管子》分为上编经言、中编内言、下编外言和附录短语问答三个部分，具体所属篇目如下：

上编“经言”，包括部分“解”的文章，“冠以枢言并学则别为首编”。其中包括：

一、枢言；

二、学则（原名：弟子职）；

三、经言十二篇文章（附“解”十篇）：一是宙合，二是天地（节选于原“势”篇），三是心术上，四是心术下，五是五正（原有“五辅”“正”，辑而编之），六是九败，七是牧民，八是乘马，九是版法，十是法经，十一是形势上，十二是形势下。

中编“内言”，分为六卷，共计四十六篇文章。

第一卷为“道家言”，共计四篇文章：一是修身，二是正形，三是白心，四是内业；

第二卷为“政家言”，别为权谋家言，共计十六篇文章：一是立政，二是修权，三是度地，四是制分，五是牧民，六是君臣，七是正言，八是五辅，九是九惠，十是王言，十一是霸言，十二是霸形，十三是四伤，十四是八观，十五是附六十八问，十六是附七主七臣；

第三卷为“阴阳术数家言”，共计五篇文章，别为“农家言”一篇：一是五官，二是四时上，三是四时下，四是五行，五是水地，六是附地员；

第四卷“法家言”，共计六篇文章：一是法法，二是重令，三是明法，四是任法，五是正世，六是法禁；

第五卷“兵家言”，共计八篇文章：一是兵法，二是兵数，三是七法，四是言是，五是参患，六是地图，七是谋失，八是九变；

第六卷“计家言”，共计六篇文章：一是三经，二是国蓄，三是轻重，四是禁藏，五是治国，六是侈靡。

下编“外言”，包括传记之文，分为五卷，合旧目二十六篇。

第一卷管子相齐始末（自大匡、中匡、小匡以下合小称诸篇）；

第二卷桓公君臣问答（自桓公问霸以下合小问、度地、四称诸篇）；

第三卷乘马九府问答（自臣乘马至揆度、国准诸篇）；

第四卷轻重法（自轻重甲至轻重己，今定名轻重法）；

第五卷短语问答杂编。

石一参对《管子》结构的这一重新编排，“通计今定管子书九十有六篇，适合汉初太史书篇数之旧”①，在文章总量上虽然没有改变，但由于这一重新编排是以自己批阅管子的认识及观点为主导的，并不是以《管子》内容的逻辑结构为主导，因而对他的这一重新编排的社会接受程度，也就变成了对他认识《管子》观点的接受程度。由于他在重新编排过程中融入了自己对《管子》的太多定性，比如，他认为“管子全书为论政之书”。这相较以往把《管子》列为或道家、或杂家、或法家的观点，显然是一种现代派的认识视角；而《管子》的法治思想，则“三代以后主政者，未有制治及此者也，管子良天下才也”。对于谋划国计民生，则又另有高论：“识者谓善变周官之制者，莫如管子。非虚言也。”至于对管子争霸诸侯的战略战术，则盛赞其为“诚外交之模范，而国际之明星也”。正是这些旗帜鲜明的认识观点，庇荫了其对于《管子》篇目结构重新编排的积极贡献，在一定程度上影响了人们的学术视阈。

四、《管子》的沿革

一般认为，《管子》一书是春秋、战国乃至西汉时期的学者们假托管仲之

---

① 石一参：《管子今诠 · 篇目》，1988 年中国书店影印，第 4 页。

名对管仲治齐的理论与实践的总结与阐释,《管子》并不是一人一时完成的,其完成经历了一个漫长的过程。具体说来,《管子》的沿革大致可以分为两个阶段。

第一阶段:从成书到定本的出现。

《管子》从成书到流行一直到形成定本,是一个漫长的过程。在纸的发明出现以前,人们的书写条件是极其有限的,在口口相传之外,最为常见的书写形式正如《墨子·兼爱下》所言,大约只有"书于竹帛,镂于金石,琢于盘盂"三种,可以"传遗后世子孙者知之"。显然,这三种方式是甲骨刻画等书写方式的替代。管仲治齐是在春秋初中期的事情,目前我国发现最早的简牍文献是战国时期曾国曾侯乙墓出土的竹简。① 《管子》产生的具体年代虽然不可确定,但最初是以简帛等为载体保存下来的,这应当没有大的问题,因为至今我们并没有发现春秋时期"镂于金石,琢于盘盂"的《管子》信息,倒是在出土的一些汉代的简帛文献如《银雀山汉墓竹简》(壹)中发现了可以与《管子》互证的文献,能够"使《管子》原貌的考证结果更为可信"。② 甚至有人论证了银雀山汉墓竹简文献中《王兵》早于《管子》的观点。③ 由此大致上可信的是,最初的《管子》可能只是一些简帛一类的书写碎片。这些简帛碎片,可能就是最早《管子》的传播载体。当然,这还只是一些简单的推测,真实的情况还是需要新的可靠证据来进一步证明。

我们现在知道的《管子》的最早传播是战国时期出现的,这就是《韩非子·五蠹》篇中的一处明确记载:

> 今境内之民皆言治,藏商、管之法者,家有之。

《韩非子》中的这句话,是说战国时期的《管子》,作为"言治"的重要著作,已经相当普及,与秦国变法中使用的"商鞅之法"在社会上的流行都达到

---

① 邢千里:《论简牍与甲骨文的时代关系——以〈简牍不晚于甲骨出现〉一文为例》,《学术论坛》2009 年第 7 期,第 155 ~ 158、166 页。

② 郭丽:《简帛文献与〈管子〉研究》,方志出版社 2015 年版,第 10 页。

③ 银雀山汉墓竹简整理小组:《银雀山竹书〈守法〉〈守令〉等十三篇》,《文物》1985 年第 4 期,第 27 ~ 34 页。

了“家有之”的程度。社会上的传播以至于“家有之”,此说显然大有夸饰之嫌,但仍然是一个很有价值的《管子》的社会传播信息情况的记载。

管子的丰功伟业在他死后就形成了广泛的传播,所以才有了孔子的深刻认识和评价。这是没有问题的。据《国语·晋语》记载,嫁给晋国公子重耳的齐姜氏,在管仲去世不久,就能够娴熟地背诵管仲治理齐国的言论,并用以劝谏丈夫重耳回国:

> 昔管敬仲有言,小妾闻之,曰:“畏威如疾,民之上也。从怀如流,民之下也。见怀思威,民之中也。畏威如疾,乃能威民。威在民上,弗畏有刑。从怀如流,去威远矣,故谓之下。其在辟也,吾从中也。《郑诗》之言,吾其从之。”此大夫管仲之所以纪纲齐国,裨辅先君而成霸者也。子而弃之,不亦难乎?

重耳是在管仲死后的次年即齐桓公四十二年来到齐国的[①],由齐姜氏背诵的管仲的这段治国言论可见,管仲的思想在当时就已经广为传播且深入人心了。“管之法”“家有之”的情况,由此也可窥见一斑。对《管子》而言,这一时期大约还处在一个口口相传为主的时代,至于管子的思想在什么时候有了固定的传播媒介,形成了“书于竹帛,镂于金石,琢于盘盂”的传播形式,尚不得而知。

但可以肯定的是,现今能够见到的最早介绍《管子》传播情况的是《韩非子》一书。在《韩非子·五蠹》篇的记载中,已经透露出了《管子》固定传播媒介的存在。从《韩非子》的记载看,既能够“藏”,又能够“家有之”,自然可以推测其“物化的固有载体”之存在,而且传播量已经十分可观。因此,依据《韩非子》的这个记载我们可以肯定的是,在战国末期的时候,《管子》的传播、收藏已经很普遍了。这话虽难免夸饰扩大之嫌,但告诉了我们一个很重要的信息,这就是管子的法治思想作为国家管理的政治工具,在战国时期同盛极一时的商鞅之法治思想一样,都已经具备了相对固定的传播媒介,在社

① 陈书仪:《管子大传》,齐鲁书社 2008 年版,第 411 页。

会上得到了广泛的传播。

管仲生活于公元前715年至公元前645年间，商鞅生活于公元前395年至公元前338年间，韩非生活于公元前280年至公元前233年间，管仲死后250年商鞅出生，商鞅死后58年韩非出生。从管仲死到韩非生是365年。按照司马迁在《史记·老子韩非列传》里边的说法，韩非“观往者得失之变”，写出了《五蠹》等文章计十余万言。《五蠹》篇乃韩非本人之作无疑。既然《五蠹》篇是韩非本人之作，那么韩非在《五蠹》篇中所说的“管子之法”与“商君之法”的社会传播情况，年代实则并非久远，当有着很高的可信度。不仅如此，《史记·老子韩非列传》还记载了《韩非子》的流传情况：“人或传其书至秦。秦王见《孤愤》《五蠹》之书，曰：‘嗟乎，寡人得见此人与之游，死不恨矣！’李斯曰：‘此韩非之所著书也。’”由此又可得知，韩非的《五蠹》篇传到了秦国，秦王看到之后，发出了“寡人得见此人与之游，死不恨矣”的感叹。按照这个记载，《五蠹》篇所记载的“管子之法”的流传情况则是在韩非到秦国之前的所见所闻。由此又可知，《管子》在战国时期从齐国传播到了韩国，继而又传到了秦国，说是广泛传播也并非妄言。

管仲与商鞅、韩非都是先秦时期国家“法治”理论的崇尚者和创造者。管子其人其功业虽然是在春秋时期出现的，但学界历来公认，《管子》的许多内容是在战国时期的稷下学宫中，经由管子的崇拜者们阐释丰富而来的，至少其中的部分法治思想是这样形成的。但是，管子之“法”与商鞅、韩非之“法”在内涵与外延上都不是完全相同的。管子的“法”本来是齐文化的产物，重于“礼义”；商鞅与韩非之“法”虽然与齐文化都有着一定的渊源关系，但与“刑名”更为密切。据《史记·商君列传》的记载，商鞅是“卫之诸庶孽公子也”，“鞅少好刑名之学”。“刑名之学”主张循名责实，慎赏明罚。“刑名之学”本于黄老之学，而“黄老之学”是齐文化的产物。韩非不仅“喜刑名法术之学，而其归本于黄老”，且“与李斯俱事荀卿”。荀子大约生活于公元前313年至公元前238年间，年长韩非33岁。荀子曾在齐国的稷下学宫中“三为祭酒”，作为最高的学术领袖，从后来的《荀子》来看，荀子不仅对齐文化中的管子思想非常熟悉，而且对作为稷下学宫学术主流的黄老之学也应当非常熟悉。从商鞅、韩非子与齐文化的关系来看，从管子到商鞅再到韩非,不仅在“法治思想”的宏观层面上有着明显的传承性,在“法治思想”的文化渊源上也有着明显的一致性。“管子之法”与“商鞅之法”“韩非之法”的不同,只不过是“法”的发展过程中的裂变现象。

如果稍加追述的话,“管子之法”大致上可以分为两个大的部分,一是“伦理法治思想”意义上的法,一是“法律法治思想”意义上的法。伦理法治思想在本质上是一种道德和制度规范并重的原则,主张既要按国家法度办事,又要恪守“礼义廉耻”的道德规范,与今天所说的“依法治国”和“以德治国”并举的方略大致相类似,有着明显的人性化和很强的柔性特点。这一部分法治思想应当是早期形成的管子思想,延续西周以来的“礼乐治国”理念的痕迹比较明显,且与“尊王攘夷”的战略指导理念暗合之处也比较突出。正是这一部分的法治思想,与后来汉代“德主刑辅”的法治理念融合在一起,形成了中国古代社会法治思想的一些突出特征。这与《管子》书中一以贯之的“以人为本”的民本意识又是一脉相承的。管子的“法律法治思想”,大致上包括了对法律的基本观点和认识、“以法治国”的“法治”理论、实行“法治”的行为方式,等等。这一部分法治思想体现出来的管子后学阐释的痕迹比较明显,与伦理法治思想分野的迹象比较突出,统治工具的特征明显。由于受到了“伦理法治思想”的影响,这一部分的法治思想虽然重视到了法律的程式化,但还没有把刑罚条文的落实给予绝对化。也就是说,在主张“法治”的同时并不否定伦理道德和教化的作用。由此而与商鞅开创的秦法家一派的苛刑峻法区别了开来。韩非作为战国末期的思想家,在对管子之法与商鞅之法总结分析的基础上,对二者给予了充分的肯定,正是看到了他们各自的这些突出特点和共有的优长。

显然,这一时期稷下学的发展对“管子之法”和“商鞅之法”的融合给予了积极的影响。齐国从太公封邦建国之初的“因其俗,简其礼”就表现出了浓厚的法自然之道的文化色彩,管子的“政在顺民”思想很好地传承了这一文化特色。战国时期的思想文化发展,道家、儒家、墨家并称“显学”,在稷下学宫里边,道家的思想文化是主体,由道入法是思想文化发展的主流。由于《管子》的大部分文章是在这一时期形成的,商鞅、韩非法治思想中的黄老思想渊源自然也就与之密不可分,而且韩非子还是稷下学宫学术领袖荀子的学生，韩非的法治思想受到稷下学发展的影响更是理所当然的。“管子之法”与“商鞅之法”在稷下学发展影响下的分野路径正是这样，“管子之法”更多地沿袭了伦理法治思想的成分，因而形成了以“礼法并重”为特征的齐法家学派，在荀子那里凸显出了比较丰满的文化体系；“商鞅之法”传承了黄老之学中法、术、势的思想文化内涵，更多地与从郑国、晋国铸刑鼎而开创的刑名之法结合起来，因而形成了以“苛刑峻法”为特征的三晋法家，在秦国变法中凸显出了比较丰满的思想文化体系。“法”的社会地位在后来的社会发展中逐步提升、汉代“德主刑辅”的法治观念对管子之法的充分继承以及韩非之法对管子之法的传播，进一步丰富了后世传播管子之法的思想基础。

正如前面所说，我们应当清醒地认识到，《韩非子·五蠹》篇所说的“家有之”的“管之法”，充其量也就是一些管仲“言论”或“事功”的零散记载，同样的内容用不同文字或者采用不同的观点表述，这都是很正常的。正由于此，当时没有出现编辑成册的统一文本也是非常自然的事情。这应当是造成汉代刘向所见管子篇目和版本众多的主要原因。

从战国经秦到汉代初期，《管子》继续以散乱零散的记载形式在社会上广泛流传。汉初对于黄老之学的推崇，使管子思想更受重视，从而使得管子的思想对汉初社会的法制重构产生了突出的积极影响。[①] 受到这一宏观社会环境的影响，到了汉武帝时期，《管子》一书引起了史学大家司马迁的高度重视，他在撰著《史记·管晏列传》之后，深情地写下了这样一段自白：

> 吾读管氏《牧民》《山高》《乘马》《轻重》《九府》……详哉其言之也。既见其著书，欲观其行事，故次其传。至其书，世多有之，是以不论，论其轶事。

从司马迁的这段自白可以看出，一是司马迁读到了《管子》的一些篇章，这些篇章对管仲的思想已经有了很好的反映；二是《管子》的社会流传已经极其广泛，根本不需要在《史记》这样一部综合性文献中论及了；三是以往并

① 吕华侨：《〈管子〉与汉初法制重构》，《管子学刊》2009 年第 3 期，第 14 ~ 17 页。

没有对管子其人的介绍,司马迁撰写的管子列传,是对一些散见的管子记载的总结。因此,司马迁并没有对管仲的著述给予整理,而是对他的轶事给予了梳理,形成了管子列传。显然,司马迁也没有关心到《管子》一书的整理定本问题。但有一个问题,这就是司马迁所说的"至其书"之"书",是《管子》在这个时候已经有了一个定本呢,还是这时候仍然是零散的篇章呢?有人依据《韩非子·五蠹》篇的说法,甚至认为"《管子》书至晚在战国中期已经完成……可能在齐国稷下学宫结束之前,学者对此书有所补充和修订"。①这一观点似乎不太合适,若确如是,后来的刘向编订《管子》便不必要费那么大的事,校订中、外藏本数百篇而形成定本了。司马迁见到的管子之"书",应当还是一些散见篇章,《管子》一书的文本定本,应当是由刘向完成的。刘向编定《管子》,是《管子》一书演变过程中的重要环节。

第二阶段:从定本到注本的出现。

《管子》书的统一定本的形成,是在汉代的刘向那里实现的。

刘向(约公元前77年—公元前6年),原名刘更生,字子政,西汉经学家、目录学家、文学家。汉宣帝时为谏大夫,元帝时任宗正。汉成帝即位后,任光禄大夫,改名为"向",官至中垒校尉。曾奉命领校秘书,所撰《别录》,为我国最早的图书目录。刘向集《管子》的中、外藏本而加以整理,定著八十六篇。对其详细情况,刘向在《管子叙录》中是这样交代的:

> 护左都水使者光禄大夫臣向言:所校雠中《管子》书三百八十九篇,太中大夫卜圭书二十七篇,臣富参书四十一篇,射声校尉立书十一篇,太史书九十六篇,凡中外书五百六十四,以校除复重四百八十四篇,定著八十六篇。杀青而书可缮写也。

由此可见,刘向校雠《管子》是从所见的"凡中外书五百六十四"篇中"校除复重四百八十四篇"以后形成的。他所定著的《管子》这八十六篇,后来又佚失了十篇,有目无文。这就是我们今天所能够见到的《管子》的原型。

① 郭丽:《〈管子〉文献学研究》,中国海洋大学出版社2007年版,第1页。

刘向编定《管子》八十六篇以后佚失的十篇，一般认为主要是在刘向校书之后到初唐以前佚失的。

针对刘向编定的《管子》一书，汉唐以来便多有注本出现。《旧唐书·经籍志》著录“《管子》十八卷，管夷吾撰”。《崇文总目》著录“《管子》十八卷，管夷吾撰”，又著录“《管子》十九卷，唐国子博士尹知章注”。① 唐代“管夷吾撰”的《管子》与“尹知章注”的《管子》是并存的。尹知章的《管子注》是史载最早的《管子》注本。北宋庆历年间，杨忱为尹知章《管子注》作《序》，此时，尹注《管子》已经析为二十四卷。绍兴年间又有墨宝堂本和浙刻本《管子》刊行。其中浙刻本是张嵲根据《管子注》重新校订的新版本，与北宋的杨序《管子》本不同。此后，尹知章作注的《管子》大行于世。明代初年，刘绩《管子补注》问世后，赵用贤完成了新本《管子》。此本影响甚大，此后的《管子》刻本，多出自赵用贤本。赵用贤本在清代光绪年间又出现了翻刻本，订正了明刻赵本讹误，刻印精审，成为最通行的本子。相较之下，刘绩的《管子补注》因为其自身脱漏语句较多，文字讹误较浙刻本和赵用贤本多，虽然版本保存了部分古字古义，仍然渐趋式微。至中华书局《新编诸子集成》本《管子》，采用南宋绍兴年间浙刻本（有杨忱旧序）《管子》为底本，兼用刘绩本为补订。②

清代以来，学界对《管子》的文献学研究成果丰硕。流传比较广泛的主要有清代戴望的《管子校正》和相当于清代中后期的日本猪饲彦博的《管子补正》、安井衡的《管子纂诂》。

近代以来对《管子》的整理研究，最为重要的研究成果是郭沫若的《管子集校》。③ 郭沫若以闻一多和许维遹的手稿为基础，搜罗宋、明、清以来的十多种善本，对《管子》进行了校订，取得了巨大的成就。著者在清代王念孙、俞樾等人研究的基础上，比较众家成果，做出判断，其成果之大，一时无人能及。《管子集校》出版之后，引起了很大反响。郭沫若主持完成的《管子集

① 王尧臣：《中国历代书目丛刊·崇文总目》，现代出版社1987年据粤雅堂丛书本影印，第84页。

② 郭丽：《〈管子〉文献学研究》，中国海洋大学出版社2007年版，第3页。

③ 郭沫若：《管子集校》，科学出版社1956年版。

校》是中华人民共和国成立以后第一部对《管子》全面系统整理研究的著作。20 世纪 80 年代之后,赵守正陆续出版了他的《管子注译》(上、下),随后又出版了《管子通解》(上、下)、《白话管子》等,其中《管子注译》(上、下)是一部影响很大的力作。

与此同时,近代以来对《管子》思想内容的研究也在不断深入。前面说到的石一参对《管子》重新编目的基础就是对其思想内容的深入研究之一。当今社会,学界从文献学角度对《管子》的研究不可胜举,诸如与帛书的比照研究、对其篇目的文字学与音韵学研究,等等,崭新的学术视角层出不穷。

总之,《管子》一书,因管仲相齐桓公的恢宏功业而成,产生以来便表现出了强大的生命力。汉代刘向编成定本以后,虽然版本多有订正,甚或重新编排,但唐代尹知章的注本的开拓性地位是十分突出的。不管怎么说,对《管子》思想内容的深入发掘,始终是一个不可改变而十分突出的高度聚焦点。

五、《管子》的突出特点

与其他先秦诸子文献相比较,不管是成书的复杂性,还是书的内容之丰富性,还是书的内容之目的指向性,《管子》都有着非常突出而鲜明的特点。汉武帝“独尊儒术”之后,《管子》一书开始渐受冷落。明代赵用贤在《管子书序》中说:“夫五霸莫盛于桓公,而管仲特为之佐。自其事羞称于圣门,而其言悉见绌,以为权谋功利,学者鲜能道之。”意思是说,《管子》的思想由于崇尚功利,在孔孟儒学盛行的环境中,影响略显不足。近代以来,随着对儒家正统地位的重新审视,以及对强国富民之路的积极探索,《管子》一书越来越受到人们的重视。学贯中西的大学问家梁启超在著名的《管子评传》中精辟地揭示了《管子》的巨大潜在价值:“今天下言治术者,有最要之名词数四焉:曰国家思想也,曰法治精神也,曰地方制度也,曰经济竞争也,曰帝国主义也。此数者皆近二三百年来之产物,新萌芽而新发达者。欧美人所以雄于天下者,曰惟有此之故。中国人所以弱于天下者,曰惟无此之故。中国人果无此乎?曰:恶。是何言?吾见吾中国人之发达是而萌芽是,有更先于欧美者。谓余不信,请语管子。”梁启超的《管子评传》一书,按照作者在自序中的介绍,写于“宣统纪元三月”,宣统是清朝最后一位皇帝的年号,宣统元年,也就是1909年。书的例言中说,这部书的宗旨是“以发明管子政术为主,其他杂事不备载”,即专门为发掘《管子》的国家管理思想之精华而作。他认为,“管子政术,以法治主义及经济政策为两大纲领,故论之特详,而时以东西新学说疏通证明之,使学者得融会之益”。可见,这部《管子评传》只是对管子政治思想的发掘,而又以法治和经济为主,尤其突出的是,“时以东西新学说疏通证明之”,将东方管子的政治思想与西方的政治思想加以比照,发掘《管子》思想的巨大潜在价值。梁启超的论著让国人看到了自己的优长与不足,开阔了国人的视野,提升了民族的自信心与自豪感。这是中国历史上第一部把管子思想与西方社会先进的文化观念相联系的开拓性的《管子》研究论著。

从整体上说,《管子》的突出特点是思想内容十分丰富,作者不清,学术流派归属多元,经世致用特征突出。《管子》一书内容丰富,涉及广泛,国家管理中所包含的方方面面几乎无所不涉。加之成书时间跨度极大,作者众多,观点不尽一致,所以历来被人视为庞杂之书。宋代以来的学者们对此就有了深刻的认识。叶适在他的《习学记言序目》卷四十五中提出“《管子》非一人之笔,亦非一时之书”,这个论断几乎成为共识。黄震在他的《日抄》中甚至说:“《管子》书不知谁所集,乃庞杂重复,似不出一人之手。”周端朝在他的《涉笔》中也说:“《管子》一书,杂说所丛。”到了现代,郭沫若认为“《管子》书是一种杂脍,早就成为学者间的公论了”,“它大率是战国及其后的一批零碎著作的总集,一部分是齐国的旧档案,一部分是汉时开献书之令时由齐地汇献而来的”。① 冯友兰则说《管子》是“稷下学宫的学报”,或者是“稷下学术中心的一部论文总集”。② 总之,学术界历来都否认《管子》一书具有完整的思想体系特征。自战国末年开始出现诸子学派的划分以后,直到汉代形成阴阳、儒、墨、名、法、道诸子六家和诸子九流十家之划分,在这一过程中,《管子》始终游离于众多学派之间,一直都无法在众多学术流派中明确地

---

① 郭沫若:《郭沫若全集(第一卷)》,人民出版社1982年版,第552页。

② 冯友兰:《中国哲学史新编》(上册),人民出版社2001年版,第118、499页。

对号入座。关于《管子》思想的学派归属问题,历来都是模糊不清的。历代官修史志文献中,先是将其列入道家,后又改列法家。甚至还有人认为《管子》不是一个学派的著作,因而又有了“杂家”之说。“杂”是《管子》在表现形式上最突出的特点。随着对《管子》研究的不断深入,人们又开始普遍认为《管子》是管仲学派的著作,“《管子》是管仲学派代代积累的论文总集,既有管仲思想的记录和发挥,又有它在不同历史时期的发展和运用,是一部经邦治国的百科全书”①。按照这一观点,《管子》一书的特点突出表现在以下几个方面。

一是没有门派之界,思想兼容并包。《管子》与先秦各思想流派的著述不同,在思想内容上并没有门派之界,因而思想兼容并包,各家思想并存。比如儒家的崇礼义、尚仁政,道家的法自然、尚无为,法家的重法制、贵赏罚,墨家的重兼爱、尚侠义,阴阳五行学派的重辩证、尚转化,等等,这些学派的思想观点在《管子》一书中都有很好的体现。之所以能够形成这样的一种格局,既有《管子》成书的复杂性,客观地说,《管子》成书的时代也并没有真正形成清晰的学术门派,还有,齐国从姜太公封邦建国之初就形成了“因俗简礼”的文化传统,这种实事求是的文化传统与“各引一端,崇其所善”思想文化的学术研究并不是十分合拍的。正因如此,《管子》的目的指向不在于阐释管子的思想学说,而主要着眼于阐释管子的实践成就,因而《管子》展现出来的理论风貌与其他先秦诸子迥然不同,有着自身的鲜明特征。

二是切合社会实际,注重经世致用。与其他先秦诸子文献侧重于坐而论道不同,《管子》的所有论述更侧重于总结和阐发管仲治齐的成功经验,更贴近社会现实,更关注社会实际问题的解决。显然,这是由于《管子》始终以“管仲”这个经略家为核心的缘故。这一点,不仅决定了《管子》一书经世致用的突出特征,而且决定了管仲学派的思想核心也是经世致用。《管子》记述管仲的生平事迹,总结管仲治国争霸的经验,阐发管仲经世治国的思想观点,从而形成了经略家思想学说的突出特点,即切合社会实际,以经世治国

① 司马琪主编:《十家论管》,上海人民出版社 2008 年版,第 479 页。

为核心,研究治理措施,阐发管理思想。简而言之,即经世致用。这一点是其他先秦诸子中任何一家都不可企及的。

三是内容包罗万象,思想博大精深。《管子》以经世致用为核心,从现代学科划分的观点来看,涉及政治、经济、军事、外交、教育等各个方面,凡是国家管理性事务所需者,几乎无所不包。不仅涉及面广,而且涉及的地方大多阐释得较为细致,从土地制度、税收制度、行政制度等宏观的社会管理和社会管理制度改革,到气功、乐理、经济承包、矿产勘探、环境保护、城市建设等微观层面上的制度、方式方法理论的阐释,都有着精到的见解,且观点新颖独到,论述精深,有着很强的现实理论与实践的借鉴和参考价值,堪称经世致用的百科全书。

四是学派归属大致在黄老。尽管《管子》书中的内容十分庞杂,儒、道、法、阴阳无所不包,但从其积极的治国理政思想来看,大致上与齐国稷下学中的黄老思想在精神上是一致的。依据郭沫若的观点,稷下黄老之学产生于战国时期的齐国,是"培植于齐,发育于齐,而昌盛于齐的"①。而《管子》的形成与稷下学的兴盛密不可分,稷下黄老之学在汉代初期得到了充分的成功实践,而《管子》的治国理政思想也在汉代得到了充分的传承和借鉴,比如《管子》提出的礼法并重思想在"德主刑辅"的汉家制度中就有着很好的继承。长期以来,《管子》被列为杂家的观念根深蒂固,主要原因就是书中的"门派"观念淡薄,相对于儒、墨、道、法等自成一系的其他诸子而言,其"杂"的特点是非常突出的。但《管子》"以管仲的治国理论与实践为核心,以黄老思想为基本理论指导"的架构基础又是十分明显的。因此,这个所谓的"杂",在学问家看来只不过是对学术思想"门派"正统的离经叛道,在政治家那里则恰恰是国家管理"正统"思想理论的充分伸张。与此相近的还有一部《吕氏春秋》,同样也是被后世以同样的理由打入了"杂"家之列而长期被忽视。但吕不韦与《管子》的作者不同,他似乎早就预料到了这一点,因而有着十分清醒的认识,《审分览》中说:"听群众人议以治国,国危无日矣。何以知其然也?老聃贵柔,孔子贵仁,墨翟贵廉,关尹贵清,子列子贵虚,陈骈贵

① 郭沫若:《十批判书》,东方出版社 1996 年版,第 143 页。

齐,阳生贵己,孙膑贵势,王廖贵先,儿良贵后。此十人者,皆天下之豪士也。”由此来看,把《吕氏春秋》和《管子》看作“杂”书,在历史上有一个思想认识角度的局限问题,现在看来还有一个历史环境的局限问题。单纯地从任何一个学术门派的角度去认识《管子》都会有所偏颇,只有站在治国理政的高度审视其思想内涵,才能准确把握这部书的本质特征。这样,它也就不再是“杂”书,而是博采众长、杂而有序、内涵丰富的资政经典了。

第三章　管子的生平轨迹

管子以其辉煌的功业和丰富的思想彪炳青史，这是毫无疑义的。对于他波澜壮阔的一生，自《史记·管晏列传》以来，便多有梳理。20世纪初期，鹤生的《管仲》[①]对管子的生平事迹，特别是内政、外交诸方面给予了较为充分的论述；章衣萍的《管仲》[②]以青少年读物的形式，用通俗的语言简明地介绍了管子的生平事迹。至于管子的年谱，同样多有所见，杨天宇主编的《中华十大谋士》[③]、姜正成主编的《春秋名相管仲》[④]中都有涉及。今人战化军的《管仲评传》[⑤]中的"管仲主要事迹系年"和陈书仪的《管子大传》[⑥]中的"管仲纪年"，则是最新的研究成果。就笔者所见对于管子生平梳理的研究成果而言，大致上有两个突出的问题：一是由于管子生年以及相齐历史事实史载不详，因而管子青少年时期的事迹鲜见叙述；二是由于文献当中对管子事迹的记载，除了部分有确切时间记载，大多不仅毫无时间可据，甚或时有南辕北辙之嫌。因而，要编制可靠的管子生平系年实非易事。

概括管子一生的杰出贡献，不外乎三个方面：一是以"仓廪实则知礼节，衣食足则知荣辱"为目标，通过"贵轻重，慎权衡"的一系列变革措施，让齐国富强了起来，使齐桓公成为诸侯霸主，开创了"不慕古，不留今，与时变，与俗化"、以变革为动力实现社会发展的先河；二是高举"尊王攘夷"的旗帜，辅佐

① 鹤生：《管仲》，汗血书店1935年版。

② 章衣萍：《管仲》，儿童书局1935年版。

③ 杨天宇主编：《中华十大谋士》，上海大学出版社2008年版。

④ 姜正成主编：《春秋名相管仲》，海潮出版社2013年版。

⑤ 战化军：《管仲评传》，齐鲁书社2001年版。

⑥ 陈书仪：《管子大传》，齐鲁书社2008年版。

齐桓公“九合诸侯，一匡天下”，维护了华夏文明的延续与发展，形成了中华民族文化共同体的雏形；三是以《管子》一书为载体，为人类社会发展留下了一份弥足珍贵的精神文化遗产。参照儒家关于“立德”“立言”“立功”人生追求的三不朽境界，简单来说，管子之“立德”，孔子谓之“如其仁，如其仁”；管子之“立功”，孔子赞之曰“民到于今受其赐”，其可谓至高无上之一代伟人；管子之“立言”，其言论战国时期便有“家有之”之记载，汉唐以来《管子》一书一直为社会学界和社会管理界所高度关注。孔子之所以被称为“圣人”“素王”，很大程度上是得到了历代封建帝王的推崇。由于封建帝王的推崇，社会对孔子的认识与评价亦向王权看齐。在一浪高过一浪的赞誉声中，孔子的优点掩盖了不足与瑕疵，孔子成了神，成了完美无缺的“圣人”。相比较而言，管子则始终是以一个功过是非十分分明的活生生的人出现在人们的社会生活当中的，后世对他的认识与评价始终也是客观和比较公允的，甚至于对他的功绩也时有非议之声。因而，他在走上神坛的道路上总是磕磕绊绊，始终也没有能够走上神坛的巅峰。虽然没有成为不可侵犯的神圣，没有成为圣人，但是，论及对于人类社会的贡献，管子创立了非凡的事功，从社会功业层面上看，更贴近社会现实生活，是孔子等先秦诸子所不可企及的。

正由于此，管子其人与《管子》其书，是人类社会历史上的瑰宝，崛起于中国临淄而走向全世界，伴随日月的轮转而熠熠生辉。“高山仰止，景行行止”，管子其人与《管子》其书作为人类历史上不朽的丰碑，耸立于天地之间，镌刻着先贤的聪明和智慧，昭示着后人前进的方向。

有济、淮之水而有东夷文明，有东夷文明而孕育了齐鲁文化，孔子是鲁文化的大纛，管子则是齐文化的星标。无孔子无以言鲁文化和儒学，无管子则无以言齐文化乃至齐鲁文化。

现依据陈书仪关于管仲生于公元前735年6月6日，农历为五月初一日的学术推论，参照众多历史文献记载，以及所见管仲生平和年谱的相关梳理，排定管子的生平系年如下。这一排列虽未必确切，甚或多有争议，且与管仲生年的宗谱说（公元前716年）有较大出入，但总算对管仲的生平有了一个较全的排定，可算作抛砖之作，以求引起学界更深入的探讨。

管子生平系年

公元前737年(甲辰),齐庄公五十八年
传说鲍叔牙这一年出生。鲍叔牙1岁。

公元前736年(乙巳),齐庄公五十九年
鲍叔牙2岁。

公元前735年(丙午),齐庄公六十年
鲍叔牙3岁。

6月(壬午)6日(甲午)午时(阴历五月初一日中午),传说管仲生于今安徽省颍上县管谷村。取名“芒种”。管仲1岁。

公元前734年(丁未),齐庄公六十一年
管仲2岁,鲍叔牙4岁。

公元前733年(戊申),齐庄公六十二年
管仲3岁,鲍叔牙5岁。

公元前732年(己酉),齐庄公六十三年
管仲4岁,鲍叔牙6岁。
传说芒种四岁时父亲染病身亡。

公元前731年(庚戌),齐庄公六十四年
管仲5岁,鲍叔牙7岁。

公元前730年(辛亥),齐僖公元年
管仲6岁,鲍叔牙8岁。

公元前729年(壬子),齐僖公二年
管仲7岁,鲍叔牙9岁。

公元前728年(癸丑),齐僖公三年
管仲8岁,鲍叔牙10岁。
传说这年管仲与鲍叔牙开始读书。

公元前727年(甲寅),齐僖公四年
管仲9岁,鲍叔牙11岁。

公元前726年(乙卯),齐僖公五年
管仲10岁,鲍叔牙12岁。

公元前725年(丙辰),齐僖公六年
管仲11岁,鲍叔牙13岁。
传说管仲上学三年,写出了《仁义论》一文,并在文章后面题诗一首:“仁义治天下,农桑是根本;国正人心顺,强国先富民。”

公元前724年(丁巳),齐僖公七年
管仲12岁,鲍叔牙14岁。

公元前723年(戊午),齐僖公八年
管仲13岁,鲍叔牙15岁。

公元前722年(己未),齐僖公九年
管仲14岁,鲍叔牙16岁。

公元前721年(庚申),齐僖公十年
管仲15岁,鲍叔牙17岁。

公元前720年(辛酉),齐僖公十一年

管仲16岁,鲍叔牙18岁,小白1岁。

小白出生,1岁。

传说管仲与鲍叔牙开始经商。

公元前719年(壬戌),齐僖公十二年

管仲17岁,鲍叔牙19岁,小白2岁。

公元前718年(癸亥),齐僖公十三年

管仲18岁,鲍叔牙20岁,小白3岁。

公元前717年(甲子),齐僖公十四年

管仲19岁,鲍叔牙21岁,小白4岁。

齐鲁艾(在今山东省泰安境内)之盟。齐、鲁、宋、卫、郑五国输粮于周救济。

公元前716年(乙丑),齐僖公十五年

管仲20岁,鲍叔牙22岁,小白5岁。

齐僖公派同母弟夷仲年聘鲁。

公元前715年(丙寅),齐僖公十六年

管仲21岁,鲍叔牙23岁,小白6岁。

宋殇公、卫宣公与齐僖公盟于瓦屋(在今河南省温县境内)。《国语·郑语》:“齐庄、僖于是乎小伯。”

公元前714年(丁卯),齐僖公十七年

管仲22岁,鲍叔牙24岁,小白7岁。

鲁隐公与齐僖公应周王之命会于防(在今山东省费县境内)。

公元前713年(戊辰),齐僖公十八年

管仲23岁,鲍叔牙25岁,小白8岁。

齐僖公、郑庄公、鲁隐公会于中丘(在今山东省临沂境内),盟于邓(在今山东省兰陵境内)。

公元前712年(己巳),齐僖公十九年

管仲24岁,鲍叔牙26岁,小白9岁。

郑、齐、鲁联合伐许,齐僖公将许国国土让给鲁,鲁隐公不敢接受,让给郑,郑国归还许。

公元前711年(庚午),齐僖公二十年

管仲25岁,鲍叔牙27岁,小白10岁。

传说管仲与鲍叔牙离开颍上来到齐国。

公元前710年(辛未),齐僖公二十一年

管仲26岁,鲍叔牙28岁,小白11岁。

齐、鲁、陈、郑会于稷(在今河南省商丘境内)。

公元前709年(壬申),齐僖公二十二年

管仲27岁,鲍叔牙29岁,小白12岁。

齐僖公、鲁桓公会于嬴(今山东省莱芜境内)。齐文姜嫁于鲁桓公为夫人。

公元前708年(癸酉),齐僖公二十三年

管仲28岁,鲍叔牙30岁,小白13岁。

公元前707年(甲戌),齐僖公二十四年

管仲29岁,鲍叔牙31岁,小白14岁。齐侯、郑伯朝于纪(纪国,在齐国东面),欲袭之。纪人知之,齐、郑只好作罢。

公元前706年(乙亥),齐僖公二十五年

管仲30岁,鲍叔牙32岁,小白15岁。

齐襄公与文姜乱伦,管仲劝说,齐襄公不听。齐僖公委派鲍叔牙辅佐公子小白,管仲、召忽辅佐公子纠。

公元前705年(丙子),齐僖公二十六年

管仲31岁,鲍叔牙33岁,小白16岁。

陈敬仲完出生。

公元前704年(丁丑),齐僖公二十七年

管仲32岁,鲍叔牙34岁,小白17岁。

公元前703年(戊寅),齐僖公二十八年

管仲33岁,鲍叔牙35岁,小白18岁。

公元前702年(己卯),齐僖公二十九年

管仲34岁,鲍叔牙36岁,小白19岁。

齐侯、卫侯、郑伯与鲁战于郎(在今山东省济宁境内)。

公元前701年(庚辰),齐僖公三十年

管仲35岁,鲍叔牙37岁,小白20岁。

齐、卫、郑、宋盟于恶曹(或在今河南省延津境内)。

公元前700年(辛巳),齐僖公三十一年

管仲36岁,鲍叔牙38岁,小白21岁。

公元前699年(壬午),齐僖公三十二年

管仲37岁,鲍叔牙39岁,小白22岁。

齐国夷仲年死,齐僖公令其子公孙无知秩服奉养比太子。

齐僖公约会宋、卫、燕，四国联合伐纪。

公元前698年（癸未），齐僖公三十三年

管仲38岁，鲍叔牙40岁，小白23岁。

齐僖公死，太子诸儿即位，是为齐襄公。鲍叔牙辅佐公子小白逃往莒国。

公元前697年（甲申），齐襄公元年

管仲39岁，鲍叔牙41岁，小白24岁。

齐襄公绌公孙无知太子秩服奉养。齐襄公与鲁桓公会于艾。

公元前696年（乙酉），齐襄公二年

管仲40岁，鲍叔牙42岁，小白25岁。

卫桓公奔齐。

公元前695年（丙戌），齐襄公三年

管仲41岁，鲍叔牙43岁，小白26岁。

齐襄公、鲁桓公、纪侯盟于黄（在今山东省淄川境内）。

公元前694年（丁亥），齐襄公四年

管仲42岁，鲍叔牙44岁，小白27岁。

鲁桓公与夫人文姜如齐，文姜与齐襄公通，鲁桓公知之，齐襄公拉杀鲁桓公。鲁人责齐，齐襄公杀彭生以谢鲁。

文姜子姬同即位，是为鲁庄公，文姜留齐。

公元前693年（戊子），齐襄公五年

管仲43岁，鲍叔牙45岁，小白28岁。

齐师伐纪。

公元前692年(己丑),齐襄公六年

管仲44岁,鲍叔牙46岁,小白29岁。

文姜会齐侯于禚(在今山东省长清境内)。

公元前691年(庚寅),齐襄公七年

管仲45岁,鲍叔牙47岁,小白30岁。

齐、鲁两国伐卫。纪季以酅(在今山东省青州境内)降齐。

公元前690年(辛卯),齐襄公八年

管仲46岁,鲍叔牙48岁,小白31岁。

文姜飨齐侯于祝丘(在今山东省临沂境内)。

齐襄公伐纪,纪君出奔。齐襄公葬纪伯。齐襄公与齐人狩于禚。

公元前689年(壬辰),齐襄公九年

管仲47岁,鲍叔牙49岁,小白32岁。

文姜至齐师会齐侯。齐襄公纠合鲁、宋、陈、蔡等国伐卫,纳卫惠公入卫。

公元前688年(癸巳),齐襄公十年

管仲48岁,鲍叔牙50岁,小白33岁。

受文姜之请,齐人至鲁归卫宝(战利品)。

公元前687年(甲午),齐襄公十一年

管仲49岁,鲍叔牙51岁,小白34岁。

文姜会齐侯于防、谷(在今山东省东阿,一说今桓台唐山)。

公元前686年(乙未),齐襄公十二年

管仲50岁,鲍叔牙52岁,小白35岁。

管仲、召忽辅佐公子纠逃亡到了鲁国。

公元前685年（丙申），齐桓公元年

管仲51岁，鲍叔牙53岁，齐桓公36岁。

公孙无知等弑杀齐襄公。齐人袭杀公孙无知。鲁庄公伐齐，欲纳公子纠；公子小白入齐，即位齐桓公。齐鲁战于乾时（在今山东省临淄境内），鲁国大败。鲁国杀死齐公子纠，召忽自杀殉难。鲍叔力荐管仲。管仲被囚返齐，任齐国国相。

公元前684年（丁酉），齐桓公二年

管仲52岁，鲍叔牙54岁，齐桓公37岁。

鲁败齐师于长勺（在今山东省莱芜境内）。齐、鲁、宋会盟于郎（在今山东省济宁境内）。

齐国灭谭（在今山东省济南境内）。

公元前683年（戊戌），齐桓公三年

管仲53岁，鲍叔牙55岁，齐桓公38岁。

齐桓公"三岁治定"。齐桓公迎娶周王之女共姬。

公元前682年（己亥），齐桓公四年

管仲54岁，鲍叔牙56岁，齐桓公39岁。

齐桓公不听管仲劝告，出兵受挫，幡然醒悟。

管仲向齐桓公要贵、富、亲三权。后来孔子评论说："管仲之贤，而不得此三权者，亦不能使其君南面而霸矣。"

公元前681年（庚子），齐桓公五年

管仲55岁，鲍叔牙57岁，齐桓公40岁。

齐国主持"北杏（在今山东省东阿境内）之会"。

伐鲁，鲁与齐会于柯（在今山东省阳谷境内）而有"柯之盟"。

齐桓公筑缘陵以封杞（在今山东省昌乐境内），给予车一百乘，甲士一千。

公元前680年(辛丑),齐桓公六年

管仲56岁,鲍叔牙58岁,齐桓公41岁。

宋国背叛“北杏之盟”,齐国一方面联合陈国和曹国进行讨伐,另一方面派出使者报告了周天子,请求出兵讨伐。宋国不战而屈服求和。郑厉公复位后立即表示与齐国联盟。齐桓公与宋、卫、郑在鄄(今山东省鄄城一带)会盟,周天子派单伯参加。

公元前679年(壬寅),齐桓公七年

管仲57岁,鲍叔牙59岁,齐桓公42岁。

齐与宋、陈、卫、郑等诸侯和单伯在鄄再次会盟。齐桓公于是而霸也。

公元前678年(癸卯),齐桓公八年

管仲58岁,鲍叔牙60岁,齐桓公43岁。

郑背鄄之盟,齐会宋、卫伐郑。

随后,齐、鲁、宋、卫、陈、郑、许盟于幽(在今河南省境内)。

楚国兴师侵郑,以与齐国争夺郑国,开始问鼎中原。

公元前677年(甲辰),齐桓公九年

管仲59岁,鲍叔牙61岁,齐桓公44岁。

郑国使臣来齐,意欲破坏盟约,齐国扣留郑国来使。

公元前676年(乙巳),齐桓公十年

管仲60岁,鲍叔牙62岁,齐桓公45岁。

戎侵鲁,鲁庄公追戎于济西。

公元前675年(丙午),齐桓公十一年

管仲61岁,鲍叔牙63岁,齐桓公46岁。

文姜自鲁至莒。齐、宋、陈伐鲁。

公元前674年(丁未),齐桓公十二年
管仲62岁,鲍叔牙64岁,齐桓公47岁。
夏,齐大火,宗庙厩库尽毁。冬,齐人伐戎。

公元前673年(戊申),齐桓公十三年
管仲63岁,鲍叔牙65岁,齐桓公48岁。
齐文姜死。

公元前672年(己酉),齐桓公十四年
管仲64岁,鲍叔牙66岁,齐桓公49岁。
陈国公子完,号敬仲,来奔齐。
齐高傒与鲁盟于防。
鲁庄公到齐议婚。

公元前671年(庚戌),齐桓公十五年
管仲65岁,鲍叔牙67岁,齐桓公50岁。
鲁庄公到齐观社。
齐与鲁盟于扈(疑在今山东省菏泽境内)。

公元前670年(辛亥),齐桓公十六年
管仲66岁,鲍叔牙68岁,齐桓公51岁。
冬,郭(疑在今山东省聊城境内)亡,齐桓公在郭地问郭亡的原因,郭地的父老回答说,郭君善善不能用,恶恶不能去,所以亡。

公元前669年(壬子),齐桓公十七年
管仲67岁,鲍叔牙69岁,小白52岁。

公元前668年(癸丑),齐桓公十八年
管仲68岁,鲍叔牙70岁,小白53岁。

齐、宋、鲁三国之师伐徐(在今安徽省泗县境内)。

公元前667年(甲寅),齐桓公十九年

管仲69岁,鲍叔牙71岁,小白54岁。

齐会鲁、宋、陈、郑盟于幽,周惠王赐齐桓公为侯伯,命齐讨伐卫国。

弛关市之征。

公元前666年(乙卯),齐桓公二十年

管仲70岁,鲍叔牙72岁,小白55岁。

齐桓公讨卫。楚伐郑,齐、鲁、宋救郑。

公元前665年(丙辰),齐桓公二十一年

管仲71岁,鲍叔牙73岁,小白56岁。

公元前664年(丁巳),齐桓公二十二年

管仲72岁,鲍叔牙74岁,小白57岁。

齐取鄣(纪国的附庸,今江苏省赣榆境内)。

齐桓公将伐山戎、孤竹(山戎、孤竹均为古代北方游牧部族,在今河北省北部一带),请助于鲁,鲁许之而不行。

公元前663年(戊午),齐桓公二十三年

管仲73岁,鲍叔牙75岁,小白58岁。

山戎伐燕,齐桓公救燕,至于孤竹而返。燕庄公送齐桓公入齐境,桓公曰:“非天子,诸侯相送不出境,吾不可以无礼于燕。”于是分沟割燕君所至之地与燕。于是燕君复修召公之政,纳贡于周,如成康之时。诸侯闻之,皆从齐。山戎善种冬葱、戎菽,齐桓公皆移植齐国。鲁未参加。

齐已伐山戎、孤竹,而欲移兵于鲁。管仲曰:“不可。诸侯未亲,今又伐远而还诛近邻,邻国不亲,非霸王之道。君之所得山戎之宝器者,中国之所鲜也,不可以不进周公之庙乎。”

公元前662年(己未),齐桓公二十四年

管仲74岁,鲍叔牙76岁,小白59岁。

齐献戎捷于鲁周公之庙。

齐国欲兴师伐莒,齐桓公没有邀请鲁庄公,鲁庄公就下令出兵助战。以补未同齐一起伐山戎之过。

齐筑小谷(在今山东省东阿,一说今桓台唐山),作为管仲采邑。

齐侯与宋公会于梁丘(在今山东省菏泽境内)。为楚伐郑之故请会于齐。

狄伐邢(在今河北省邢台境内)。

鲁公子庆父如齐。

公元前661年(庚申),齐桓公二十五年

管仲75岁,鲍叔牙77岁,小白60岁。

齐桓公率宋、曹军救邢,败狄师。

秋,鲁闵公与齐桓公盟于落姑(疑在今山东省平阴或博兴)。

冬,齐仲孙到鲁国省难,回复齐桓公曰:"不去庆父,鲁难未已。"

公元前660年(辛酉),齐桓公二十六年

管仲76岁,鲍叔牙78岁,小白61岁。

春,齐人迁阳(亦说灭阳,阳国故城在今山东省沂水)。

夏,狄侵齐。

庆父出奔莒国,后畏罪自杀。鲁庆父之乱,齐高子将南阳之甲立僖公而城鲁,以存鲁嗣。鲁人以为美谈,曰"犹望高子也"。

狄人灭亡卫国。卫国君寄住曹邑。齐桓公在管仲的建议下,派遣公子无亏率军助卫戍守。齐侯赠卫文公乘马(四匹),祭服五称,牛、羊、豕、鸡、狗皆三百,与门材,赠卫文公夫人鱼轩(小车),重锦三十匹。

公元前659年(壬戌),齐桓公二十七年

管仲77岁,鲍叔牙79岁,小白62岁。

齐桓公取哀姜杀之，以尸归鲁。

狄人又侵略邢国，占领了邢国的都城。齐桓公和管仲率领齐、宋、曹三国军队救邢。齐桓公召集诸侯在夷仪（在今山东省聊城境）为邢国建筑了一座新城，作为邢国的国都。

郑亲齐，楚人伐郑，齐侯会鲁公、宋公、郑伯、曹伯等谋救郑也。

公元前658年（癸亥），齐桓公二十八年

管仲78岁，鲍叔牙80岁，小白63岁。

卫文公有狄乱，告急于齐。齐桓公率诸侯师伐狄。又为卫国在楚丘（在今河南省滑县）建了一座新城，把暂住曹邑的卫君和他的人民迁到楚丘，以楚丘为新国都。

秋九月，齐桓公与宋（在今河南省商丘一带）、江（在今河南省息县西南）、黄（在今河南省潢川县）三国之君盟于贯（在河南省商丘西北，与山东省曹县接界）。

公元前657年（甲子），齐桓公二十九年

管仲79岁，鲍叔牙81岁，小白64岁。

楚成王意欲和齐桓公争夺霸主的地位，就派军队进攻离齐国比较近的郑国。郑国向齐国求救。

秋，齐桓公会宋、江、黄三国于阳谷，谋伐楚。

冬，鲁公子季友如齐莅盟。

齐桓公与蔡姬乘舟于囿，荡公，公惧变色，禁之不可，公怒，归之，未绝之也，蔡人嫁之。

公元前656年（乙丑），齐桓公三十年

管仲80岁，鲍叔牙82岁，小白65岁。

春，齐侯会鲁公、宋公、陈侯、卫侯、郑伯、许男、曹伯侵蔡，蔡溃，遂伐楚，次于陉（在今河南省沁阳境内）。夏，楚王使屈完将兵扞齐，齐师推次召陵。桓公矜屈完以其众。屈完曰："君以道则可，若不，则楚方城以为城，江汉以为沟,君安能进乎?”乃与屈完盟而去。

秋,齐伐陈。齐桓公还师过陈,陈辕涛涂恶其过陈,诈齐出东道,桓公怒,执辕涛涂。

冬,齐会鲁、宋、卫、郑、许、曹侵陈。陈成,归辕涛涂。

公元前655年(丙寅),齐桓公三十一年

管仲81岁,鲍叔牙83岁,小白66岁。

周王室内部发生王位之争。齐桓公为了保全太子郑的地位,联合八国诸侯在首止(今河南省淮阳东,卫地)与太子郑订盟,以确定周太子的地位。

公元前654年(丁卯),齐桓公三十二年

管仲82岁,鲍叔牙84岁,小白67岁。

夏,齐桓公因郑文公在首止不盟而逃会,遂率齐、鲁、宋、陈、卫、曹等国联军讨伐郑国,围郑之新城(今河南省新密之东南)。齐桓公对诸侯宣告郑文公之罪。秋,楚国围攻齐之盟国许国,意欲解郑之危,齐桓公果然撤去围郑的诸侯联军,解救许国后还军。

公元前653年(戊辰),齐桓公三十三年

管仲83岁,鲍叔牙85岁,小白68岁。

春,齐国再出兵讨伐郑国。

夏,郑国杀死从楚国叛逃投郑的申侯以取悦齐国,并向诸侯求和。

秋,齐桓公邀请鲁僖公、宋桓公、陈世子款、郑世子华在宁母(今山东省鱼台境)相会。

周惠王死,太子郑秘不发丧,先告难于齐国,请助其确立王位。

公元前652年(己巳),齐桓公三十四年

管仲84岁,鲍叔牙86岁,小白69岁。

正月,齐桓公邀请鲁、宋、卫、许、曹等国国君和陈世子,与周襄王派出的大夫在洮(在山东省鄄城西南)订盟。郑文公因是重新服齐,请求加盟。齐桓公率各国诸侯确认太子郑的王位。于是周襄王讣告天下,为周惠王发丧。

公元前651年(庚午),齐桓公三十五年

管仲85岁,鲍叔牙87岁,小白70岁。

夏,会诸侯于葵丘。这是齐桓公霸业顶峰的标志。

齐桓公与管仲请宋襄公做太子雍的外辅,太子雍是桓公夫人宋华子所生,故请宋襄公为外辅。

齐桓公葵丘会盟之后,意欲封禅,管仲劝止。

公元前650年(辛未),齐桓公三十六年

管仲86岁,鲍叔牙88岁,小白71岁。

夏,齐、许联合伐北戎。

王子党会齐国隰朋立姬夷吾为晋后,是为晋惠公。

公元前649年(壬申),齐桓公三十七年

管仲87岁,鲍叔牙89岁,小白72岁。

周襄王之弟叔带与戎、翟共谋伐周襄王,襄王欲诛叔带,叔带奔齐。

公元前648年(癸酉),齐桓公三十八年

管仲88岁,鲍叔牙90岁,小白73岁。

冬,齐桓公派管仲、隰朋分赴周、晋调和。周襄王欲以上卿之礼对待管仲,管仲卒以下卿之礼而还。

公元前647年(甲戌),齐桓公三十九年

管仲89岁,鲍叔牙91岁,小白74岁。

周襄王弟带来奔齐。

夏,齐桓公邀请宋、鲁、陈、卫、郑、许、曹等国国君会于咸(今河南省濮县东南),谋戍周迁杞之策。

管仲有病,桓公往问后事,管仲荐隰朋。

公元前646年(乙亥),齐桓公四十年

管仲90岁,鲍叔牙92岁,小白75岁。

春,齐桓公迁杞于缘陵,发动诸侯为杞筑城,给兵车百乘,士卒千人戍守。齐桓公问于宁戚曰:“管子今年老矣,为弃寡人而就世也,吾恐法令不行,人多失职,百姓积怨,国多盗贼,吾何如而使奸邪不起,民足衣食乎?”宁戚对曰:“要在得贤而任之。”

公元前645年(丙子),齐桓公四十一年

管仲91岁,鲍叔牙93岁,小白76岁。

春正月,鲁僖公朝齐,同于事天子之礼。三月,齐侯、鲁侯、宋公、陈侯、卫侯、郑伯、许男、曹伯盟于牡丘(在今山东省茌平东)。

鲍叔死,管仲举上衽而哭之,泣下如雨。

管仲死,桓公尽逐竖刁、易牙、开方等,食不甘,宫不治,苛病起,朝不肃。重新召回竖刁、易牙、开方等人。

公元前644年(丁丑),齐桓公四十二年

小白77岁。

戎伐周,周告急于齐,齐令诸侯各发卒戍周。

晋国公子重耳来齐,齐桓公妻之。

管仲死后十个月,隰朋卒。

淮夷逼迫鄫国(在今山东省兰陵境内),齐桓公会合鲁、宋、陈、卫、郑、许、邢、曹等,为鄫国筑城。

公元前643年(戊寅),齐桓公四十三年

小白78岁。

鲁灭项(在今河南省项城境内),齐桓公扣留了鲁僖公。后齐灭项。

竖刁、易牙、开方等近侍与桓公公子作乱。桓公卒。尸停床上六十七日,虫出于户。十二月乙亥(初八)日,公子无诡立,辛巳(十五)日夜,敛殡。据考,齐桓公死于公元前643年9月12日。

第四章　管氏家族的起源

氏族社会的确立，极大提高了“姓氏”的社会威望，“姓”与“氏”的问题，成了事关性命之外最为重要的问题，“生不改名，死不改姓”，成了中国人固有的传统。家族成员的一切威力，在姓氏面前似乎变得十分渺小，自然而然地甘居于姓氏之下，“姓氏”成了一个人宁死而不肯改变的生命附着物。姓氏的荣耀因此而和人生的荣耀关联在一起，姓氏可以因某一人的名震一时而显赫于世，某人则又可以因姓氏的显赫而沾沾自喜。管氏家族在中国历史上有着悠久的历史，其起源可追溯至周武王时，后来又出了一个大名人管仲，于是管氏家族也就声名鹊起了。后来的管氏一门，尽管也时有熠熠生辉之成就，但大约都不可与管仲相齐美的。

一、管氏家族的起源

管氏出于姬姓，源于周武王。

公元前1046年，周武王率领诸侯大军推翻了商纣王政权，商王朝灭亡。武王开始大封诸侯，封其弟叔鲜于管，于是便有了管氏的开始。《史记·周本纪》中有这样的记载：

> 纣走……自燔于火而死。……武王至商国……其明日，除道，修社及商纣宫。及期，百夫荷罕旗以先驱。武王弟叔振铎奉陈常车，周公旦把大钺，毕公把小钺，以夹武王。散宜生、太颠、闳夭皆执剑以卫武王。既入，立于社南大卒之左，[左]右毕从。毛叔郑奉明水，卫康叔封布兹，召公奭赞采，师尚父牵牲。……武王又再拜稽首，乃出。封商纣子禄父殷之余民。武王为殷初定未集，乃使其弟管叔鲜、蔡叔度相禄父治殷。

已而命召公释箕子之囚。命毕公释百姓之囚,表商容之闾。命南宫括散鹿台之财,发钜桥之粟,以振贫弱萌隶。命南宫括、史佚展九鼎保玉。命闳夭封比干之墓。命宗祝享祠于军。……封诸侯,班赐宗彝,作《分殷之器物》。武王追思先圣王,乃褒封神农之后于焦,黄帝之后于祝,帝尧之后于蓟,帝舜之后于陈,大禹之后于杞。于是封功臣谋士,而师尚父为首封。封尚父于营丘,曰齐。封弟周公旦于曲阜,曰鲁。封召公奭于燕。封弟叔鲜于管,弟叔度于蔡。余各以次受封。

从这段记载中可以看出,周武王在剪灭商纣之后迅即开始了建立新政权的管理体系组建工作,形成了新的政权管理体系,这个体系组建的大致情况是:

周武王身边的人分三类:一是"武王弟叔振铎奉陈常车",二是"周公旦把大钺,毕公把小钺,以夹武王",三是"散宜生、太颠、闳夭皆执剑以卫武王"。

对殷商遗民的管理:一是分封商纣子禄父管理殷之余民;二是委派其弟管叔鲜、蔡叔度监督管理禄父对殷之封地的治理;三是命召公释放被商纣王囚禁的箕子,命毕公释放被商纣囚禁的百姓,大力彰显商容那个地方的美德,命南宫括散鹿台之财物,以赈贫济困,命闳夭加固比干之墓。

对诸侯的分封:一是"追思先圣王",封神农之后于焦,黄帝之后于祝,帝尧之后于蓟,帝舜之后于陈,大禹之后于杞;二是"封功臣谋士",第一封师尚父于营丘,曰齐,第二封弟周公旦于曲阜,曰鲁,第三封召公奭于燕,第四封弟叔鲜于管,第五封弟叔度于蔡。余各以次受封。

从上述的文献来分析,在这个庞大的管理体系的组建过程中,有两个方面的问题是与管氏家族的起源密切相关的。

一方面的问题是,周武王是看重管叔的。《史记·管蔡世家》记载说,周武王的同母兄弟有十人,分别是:长子伯邑考,其下依次为:二子武王发、三子管叔鲜、四子周公旦、五子蔡叔度、六子曹叔振铎、七子成叔武、八子霍叔处、九子康叔封、十子冉季载。冉季载最少。"同母昆弟十人,唯发、旦贤,左右辅文王,故文王舍伯邑考而以发为太子。及文王崩而发立,是为武王。伯邑考既已前卒矣。”因为长子伯邑考早死了,“唯发、旦贤,左右辅文王”,所以文王让次子发为太子,继承了王位为武王。武王即位后,周公旦的地位就凸显出来了,武王不仅让他在自己的身边与毕公一同“以夹武王”,而且在受封的“功臣谋士”中,周公旦仅次于姜尚,名列第二位。而管叔鲜少于武王长于旦,蔡叔度少于旦长于振铎,武王就“封叔鲜于管,封叔度于蔡:二人相纣子武庚禄父,治殷遗民”。在受封的“功臣谋士”中列第四位和第五位。显然,周武王在重视兄弟情谊的同时,也是非常看重管叔鲜的,不然不会把监督管理殷之遗民的重任交给他。武王让“叔振铎奉陈常车”可能与他的年龄以及品行、能力密切相关,属于重点培养对象或后备干部之类。

另一方面的问题是,武王对管叔鲜有着一定的戒备心。如何管理殷之遗民是一个非常重要的问题,按照《尚书大传》中的记载,周武王采纳了周公的建议,“武王伐纣纣死,武王皇皇若天下之未定。周公曰:‘各安其宅,各田其田。毋故毋私,惟仁之亲。’”让殷之遗民继续留在原居住处,命其旧有首领纣王之子武庚继续充当其首领而肩负领导之职,管叔、蔡叔负责辅佐监督。武王在接受周公旦的建议的时候,至少在形式上是相信管叔、蔡叔的。但尤其对管叔,显然又有着一定的戒备之心,原因就是其父亲文王对他就有些不待见:“唯发、旦贤,左右辅文王”的时候,实际上是跨越了排行第三的管叔鲜,重用了排行第四的周公旦。文王的做法对武王不可能不产生影响,管叔鲜对父亲文王的做法也不一定没有看法。这两点综合作用,武王就会对管叔鲜产生一定的戒备之心。正是这个“戒备之心”,最后导致周公旦不得不把管叔鲜杀掉了。

从周武王封其弟叔鲜于管、叔度于蔡“相禄父治殷”的时候开始,便形成了“管国”。以国为氏,也便有了管氏的起源。至于武王为什么把管叔鲜的封国称之为“管”,《今本竹书纪年》“周武王”下有:“十二年辛卯,王率西夷诸侯伐殷,败之于坶(或作牧)野。……立受子禄父,是为武庚。……命监殷,遂狩于管。”由此来看,牧野之战时期就有了“管”,灭商之后,武王随即让武庚在管地延续了商纣的宗祠,所以才会有武王“遂狩于管”的记载。因此,管国之称为“管”,诚或如郭沫若在《卜辞通纂》中对齐国为什么称之为“齐”

的解释那样,"齐当即齐国之前身,盖殷时旧国,周人灭之,别立新国而仍其旧称也"①。若确如是,武王分封管国的时候,是因为这里在殷商时期原本就有一个"管"的旧称,武王分封管国正是沿用了旧有的名称。看来这个管国是在商代的时候就有的,至于为什么称为"管",这就不得而知了。但从管叔鲜开始的这个"管氏",是由姬姓而来的。因为管叔鲜与周武王同属一姓,周武王之姓追根溯源为姬姓。所以,管叔鲜为姬姓管氏。

周灭殷商的时间是在公元前1046年,参照《史记》中的相关记载,武王分封是在灭商之后就开始的,且管叔鲜、蔡叔度是与姜太公、鲁周公同期分封的。《史记·鲁周公世家》说武王克商二年就病倒了,《今本竹书纪年》说他这一年"遂大封诸侯"②。看来管叔、蔡叔的分封,也应当在这一年,也就是说,管国的正式建立,应当是在公元前的1045年。也就是说,姬姓管氏的起源,应当从公元前1045年的管国分封开始,姬姓管氏的始祖是管叔鲜。

二、管氏家族的灾难

管氏家族起源于周灭殷商之后,周武王弟弟管叔的分封。管叔鲜和蔡叔度到封之后不久,就制造了震动朝野的"管蔡之乱"事件,随即招致了周王室的倾力平叛,最后在巨大的军事征伐之下管蔡不得不偃旗息鼓了。这一事件的发生本来寄托着管叔鲜的一些美好希望,但彻底的失败,对于发展刚刚起步的管氏家族而言,实可谓一起灭顶之灾。

(一)"管蔡之乱"的发生

"管蔡之乱"发生的动因是什么?《史记·管蔡世家》中的记载极其简约,只有一句话:

> 武王既崩,成王少,周公旦专王室。管叔、蔡叔疑周公之为不利于成王,乃挟武庚以作乱。

---

① 郭沫若:《卜辞通纂》,科学出版社1983年版,第463页。
② 《帝王世纪　世本　逸周书　古本竹书纪年》,齐鲁书社2010年版,第82页。

按照这句话的意思，周武王死后，年幼的周成王即位，周公旦摄政把持国柄，管叔鲜与蔡叔度以为周公旦摄政将不利于周成王，或许有篡权自立的可能，于是就挟持武庚起兵造反，发动了“管蔡之乱”。实际上，周成王是周武王姬发的儿子，周公旦与管叔鲜、蔡叔度都是周武王姬发的弟弟、周成王的叔父。周成王即位以后，周公旦摄位，管叔鲜与蔡叔度发动“管蔡之乱”，究竟是周公旦的行为不利于周成王，还是管叔蔡叔的行为不利于周成王，还是管叔蔡叔制造这一事端另有隐情，学术界早已有了若干的争论。这些争论的焦点，突出在于武王死后的王位合法继承问题，主要形成了以下几种观点：

一是周成王继承王位不合法，武王的合法继承人应当是管叔鲜。此说以杨宽为代表。他认为管蔡之乱具有夺王位的性质：管叔主谋发动叛乱，意在争夺王位。因为管叔鲜是武王之弟、周公旦之兄，武王死后，成王年幼，父辈当中管叔鲜为最长，按殷代兄终弟及的继承办法，周武王死后王位应当由管叔鲜来继承。[1] 时下周公旦摄政，距离继承王位一步之遥，一旦实现夺位自立，那是不合法的篡逆行为。与其静观待变，不如将这种企图扼杀在萌芽状态。于是就发动了管蔡之乱。

二是管叔鲜主谋作乱，意在“谋害”周成王。此说以范文澜为代表。他认为，“管叔、蔡叔疑周公之不利于成王”，意图在于“谋害”成王。实际上他把司马迁所说的“不利于”进一步理解为“谋害”了。[2] 此说也有一定道理，武王死、成王即位，都是周灭殷商不久的事情，周王室政权尚未稳定下来，管叔鲜发动军事叛乱，谋害成王的意图也是很明显的。这里边的原因比较复杂，可能掺杂有夺位的因素或嫉妒周武王的因素。

三是管叔鲜主谋作乱是羡慕、嫉妒周公旦的表现。此说以顾颉刚为代表。他认为，周武王死后其弟弟周公旦执掌朝政，管叔、蔡叔和旦都是同胞兄弟，且旦还不及叔鲜年长，这一既有事实也就不免导致管叔鲜眼中出火。情急之下管叔鲜就发散谣言，说周公旦摄政对于周成王不怀好意，以至于起

---

① 杨宽：《西周史》，上海人民出版社 1999 年版，第 142 页。

② 范文澜：《中国通史简编》，河北教育出版社 2000 年版，第 36 页。

兵造反,发动了管蔡之乱。[1] 此说也可谓言之有理,因为周武王的父亲周文王在位的时候,就不太看好叔鲜。针对于此,一方面管叔鲜平时难免就有些闲言碎语,周文王与周武王都给予了充分的包容,管叔鲜在父亲和兄长面前自然不满意也不好发作。另一方面,周武王死后,管叔鲜不但没有得以即位,而且比自己还小的弟弟旦竟然掌控了朝政,作为兄长他心有不甘,而且此时无人敢再来压制他了,于是就拍案而起,发动了管蔡之乱。

以上这些观点都是出于对管叔鲜的指责。刘知几在《史通》中引用《尚书·金縢》和《尚书·君奭》序的相关材料,认为周公摄政是“行不臣之礼,挟震主之威”,《尚书》美化了周公。他进而认为,管蔡乃是由疑生乱。其判定理由是基于管蔡的主观因素与客观因素相结合。龚传星通过对这一事件的综合分析,认为此事件源于当时的传位制度的混乱。此事件发生在由“人神杂糅”至“绝地天通”观念的转折之时,此时在观念的演变上正在寻求一种形上的确定性。因而,周公平定管蔡之乱也必然体现了这一观念的变化。[2]

不管怎么解释,“管蔡之乱”是由管叔鲜主谋发动的,管叔鲜发动这次叛乱的原因尽管可以是多方面的,但实际上,周武王与周成王的交替之际,世袭继承制度并不完善,这是历史的事实。管蔡之乱的出现,在没有形成一个固定的王位世袭继承制度的情况下,很难以认定叛乱方与平乱方谁是正确的一方。依据王国维在他著名的《殷周制度论》中的研究,“商之继统之法以弟及为主而以子继辅之,无弟然后传子”,“舍弟传子之法实自周始”。商末周初,实际上是“兄终弟及”往“传子”过渡的这么一个比较混乱的时期。周武王崩死之后,周人面临着四种选择:兄终弟及、传子、传嫡和传贤。武王本意在于“传子”,但考虑到周初面临的实际情况,便欲以“传贤”作为权宜之计。但“叔旦恐,泣涕共(拱)手”,乃立太子。成王得立。成王得立不过是这四种选项中的一种,管叔之动意尚不为过,但方式方法确有不妥。还有,结合文王对管叔的态度来看,管叔的品行显然并不及旦。对此,周武王应当知

① 顾颉刚:《古史论文集(第 2 册)·周人的崛起及其克商》,中华书局 1988 年版,第 318 页。

② 龚传星:《确定性的寻求——周公平管蔡之乱的观念背景》,《北京理工大学学报(社会科学版)》2010 年第 5 期,第 143～147 页。

道，周公旦也应当清楚。周武王接受周公旦的建议重用管叔实际上是对管叔的包容，武王刚死，管叔就对摄政成王的旦发动叛乱，抛开周成王不说，实际上这已经是对周公旦与周武王以往包容的不识趣了。

总而言之，“管蔡之乱”是由管叔鲜主谋而与蔡叔度在不合时宜的时机、采用不合适的措施一同制造的一起有争议的历史事件。在这一事件中，区分周公旦与管叔鲜的正确与错误，都容易有失偏颇。

（二）“管蔡之乱”的过程与结果

“管蔡之乱”为管氏家族的发展带来的是一场巨大的灾难。对此，我们从“管蔡之乱”的大致过程和基本结果来加以简要分析。

关于“管蔡之乱”的过程与结果，史书记载并不复杂，基本情况大致相同。常见的主要有三处文献记载比较明确，这三处记载，一是《左传·定公四年》的记载：

> 管蔡启商，惎间王室。王于是乎杀管叔而蔡蔡叔，以车七乘，徒七十人。其子蔡仲，改行帅德，周公举之，以为己卿士，见诸王，而命之以蔡。

二是《史记·管蔡世家》的记载：

> 周公旦承成王命伐诛武庚，杀管叔，而放蔡叔，迁之，与车十乘，徒七十人从。而分殷余民为二：其一封微子启于宋，以续殷祀；其一封康叔为卫君，是为卫康叔。封季载于冉。冉季、康叔皆有驯行，于是周公举康叔为周司寇，冉季为周司空，以佐成王治，皆有令名于天下。
>
> 蔡叔度既迁而死。其子曰胡，胡乃改行，率德驯善。周公闻之，而举胡以为鲁卿士，鲁国治。于是周公言于成王，复封胡于蔡，以奉蔡叔之祀，是为蔡仲。余五叔皆就国，无为天子吏者。
>
> 蔡仲卒，子蔡伯荒立。蔡伯荒卒，子宫侯立。宫侯卒，子厉侯立。厉侯卒，子武侯立。武侯之时，周厉王失国，奔彘，共和行政，诸侯多

叛周。

三是《史记·鲁周公世家》的记载：

其后武王既崩，成王少，在强葆之中。周公恐天下闻武王崩而畔，周公乃践阼代成王摄行政当国。管叔及其群弟流言于国曰："周公将不利于成王。"周公乃告太公望、召公奭曰："我之所以弗辟而摄行政者，恐天下畔周，无以告我先王太王、王季、文王。三王之忧劳天下久矣，于今而后成。武王蚤终，成王少，将以成周，我所以为之若此。"于是卒相成王，而使其子伯禽代就封于鲁。周公戒伯禽曰："我文王之子，武王之弟，成王之叔父，我于天下亦不贱矣。然我一沐三捉发，一饭三吐哺，起以待士，犹恐失天下之贤人。子之鲁，慎无以国骄人。"

管、蔡、武庚等果率淮夷而反。周公乃奉成王命，兴师东伐，作《大诰》。遂诛管叔，杀武庚，放蔡叔。收殷余民，以封康叔于卫，封微子于宋，以奉殷祀。宁淮夷东土，二年而毕定。诸侯咸服宗周。

综合这些文献的记载信息，对于"管蔡之乱"的发生、发展以及基本结果，我们可以做出以下基本勾勒：

"管蔡之乱"是由管叔鲜和蔡叔度发动的。事件发生后，当即引起了周王室的高度重视。天下未稳，武王去世，成王尚在襁褓之中，周公旦作为"把大钺"的首席辅政大臣，面前出现了两个重大的难题，先是面对"兄终弟及、传子、传嫡和传贤"的王位继承选择怎么处理，然后就是"恐天下闻武王崩而畔"引发天下大乱。面对这些突如其来的重大难题，周公旦表现出了义无反顾的担当。他采取果断措施，让武王襁褓中的儿子继承了王位，这就是周成王，自己站出来摄政，让儿子伯禽到封地鲁国去代行管理，自己则全心全意代行成王职责。本来这样安排是为了防止因武王的死而引发政局动荡，孰料就在这时候管叔鲜主谋发动了"管蔡之乱"。

"管蔡之乱"的主谋是管叔鲜，蔡叔度只是随从而已。"管蔡之乱"打出的名号是周公旦摄政"不利于成王"，利用的势力是商纣王的儿子武庚及商纣王生前势力范围内的中流砥柱淮夷。武庚对于殷商遗族势力的管辖权是武王赋予的,管叔鲜与蔡叔度关于武庚殷商遗族管理的监督权也是武王赋予的,而其中自然包含有周公旦的意见。按说武庚也好,管叔鲜、蔡叔度也好,都是理应高度维护周武王的中央政权的,因为他们也是周武王剪灭商纣王的既得利益者。可是,周武王刚死,他们就发起叛乱,于情于理不合,周公旦必然也是勃然大怒,当即对这起非常事件采取了果断措施:一方面“周公乃奉成王命,兴师东伐”。以周成王命令的名义,兴师开始了平叛行动。另一方面,据《史记·齐太公世家》记载,“使召康公命太公曰:东至海,西至河,南至穆陵,北至无棣,五侯九伯,实得征之”。在周族东进逐步灭商的过程中,东部的夷族势力曾经对牵制商纣王的势力发挥了巨大的作用,《左传·昭公十一年》就有“纣克东夷,而陨其身”的记载。管叔鲜、蔡叔度鼓动武庚叛乱率领的淮夷势力与姜太公师尚父的封国所在的齐地,都属于东夷的范畴。东夷地区深受海洋文明和渔猎文明的影响,历来较难管理。周公旦摄政的周王室对姜太公的战略部署意图很明确,就是让自周文王、武王以来都忠心耿耿的师尚父姜太公镇守东夷地区的东北部区域,给了他很大的自主权以实现对这一地区的有效控制,“东至海,西至河,南至穆陵,北至无棣,五侯九伯,实得征之”。周公旦则率部直接在淮夷地区对管叔鲜和蔡叔度的叛乱行为进行平叛。

周公旦指挥的平叛工作进行得很顺利,大军一出,叛乱很快就得到了平息。最后处理的基本结果是:武庚是殷商遗族,又是周武王任命的首领,没有感恩周武王之行,反而有了反抗周王室之实,显然是新兴的周王室政权不可容忍的,周公旦就以发动叛乱罪将其杀死了;对于管叔鲜,虽然他不顾王室大局,忘恩负义,主谋叛乱,但毕竟与周公旦是同母兄弟,又是周公旦的兄长,行为虽然不当,兄弟情义还在,因而周公旦只是将其杀死而已,并没有让他担当叛乱的罪名;而对于蔡叔度,他只是一个随从而已,有过但过不至死,因此只是罢黜了他的封赐,把他流放到另外的一个地方去了,在流放的时候,还给予了尽可能好的照顾:“与车十乘,徒七十人从”;对于管叔、蔡叔所监管的这个殷商遗族居住地区,最高的管理者首领被杀死了,监督管理者或被杀或被放逐,也没有了,周公旦干脆就把这个地方的殷民一分为二,“其一封微子启于宋，以续殷祀；其一封康叔为卫君，是为卫康叔”。躁动一时的“管蔡之乱”就此而宣告结束。

“管蔡之乱”之前，管氏家族由于管叔的分封而奠定了家族发展的基础，“管蔡之乱”之后，管叔的被杀，毫无疑问为管氏家族的发展带来了灭顶之灾。从管叔、蔡叔得以分封，到管叔被杀，时间很短，周武王即位当年分封管叔、蔡叔，二年病逝而管蔡叛周，《史记·鲁周公世家》说是“宁淮夷东土，二年而毕定”。也就是说，周公旦平叛“管蔡之乱”用了两年的时间。管叔、蔡叔在殷商遗族聚居区最多也就是五年的时间。由此我们可知，所谓管氏家族的发展，这时候只不过是一个草草的开始而已，至于后来的发展是如何跨越过管叔鲜被杀这一灭顶之灾的，则是另外一回事了。

（三）“管蔡之乱”对管氏家族发展的影响

“管蔡之乱”之后，管叔鲜、蔡叔度作为周文王之后，在殷商聚居区的发展结束了。在这一事件处理过程中，从周公旦把叛乱的帽子加到武庚头上和不杀蔡叔且照顾放逐的情况看，周公旦是十分看重兄弟情谊的。蔡叔度获罪以后被放逐，不久就死了。而他的儿子胡非但没有仇恨其伯父的行为，反而“改行，率德驯善”。周公旦听说以后很高兴，“而举胡以为鲁卿士，鲁国治。于是周公言于成王，复封胡于蔡，以奉蔡叔之祀，是为蔡仲”。至于蔡国的兴亡与变迁，也是一个比较复杂的问题①，由于距离本题稍远，此不赘述。从周公旦处理蔡叔的情况，及其对待管叔的行为来看，大致可以推测的是，周公旦只是杀死了管叔，并没有可能伤及管叔的家人。那么，管叔鲜死后，他的家人作为管氏家族的后人又是怎么样的一种情况呢？

管叔鲜被杀之后，其后人在管地的生活可能遇到了很大的困难。生活所迫，他们有可能不得不四散逃难而去，有一支可能就在这时候逃难来到了齐地。齐地这时候已经被周武王分封为齐国，首任国君姜太公，既是周灭殷商的首功之臣，在传说当中还是周武王的岳丈，在周文王以来的周王室中享有崇高的威望。据此可知，一是姜太公有能力保护管叔鲜的后人，这由姜太

① 张树国：《蔡国旧事——关于春秋蔡国兴亡的三种文本解读》，《中华文史论丛》2014年第1期，第69～91页。

公的威望、地位和条件(齐国国君、周朝重臣)可证。二是姜太公有可能保护管叔鲜后人。管叔鲜与周武王年龄应当相差不大,姜太公既与周武王父亲周文王有旧,与周武王共事,与管叔鲜自然不会陌生。在管叔鲜被杀之后保护他的后人以免绝祀,姜太公作为周朝的异姓重臣,显然是最有条件的。还有一点,齐国所处之地,远离了周公旦统治的核心区域,显然更不容易造成管叔鲜后人与周公旦的些许猜忌。当然,这也只是一种理论上的推测,要能够得以认定,还需要搜集相关的证据加以详细说明。

总而言之,“管蔡之乱”对管氏家族的后来发展是一个不可估量的灾难。它扼杀了管氏家族的基本发展势头,切断了管氏家族的血脉传续轨迹,使得管氏家族起源与后续之间的发展产生了断裂。

三、管氏家族的后世发展

关于管氏家族的后世发展情况,历史上的实证材料很少,虽然时而会见到一些相关的研究成果,但属于理论推测或地方志书、家谱宗谱记载等方面的材料居多,其可靠性有待商榷。关于管氏家族的后世发展的大致情况,可以做如下勾勒。

(一)秦汉以前的发展

通过前面的梳理,我们可以清晰地发现,管氏家族源出姬姓,别为管氏,始祖管叔鲜。管叔鲜是周文王第三子、周武王之弟。周武王灭殷建周后,分封诸侯,将叔鲜分封到管,建立了管国,并以管为氏,称管叔鲜,于是便有了管氏。管地在今河南省的郑州市境内。管叔鲜因为在周武王死后发动了“管蔡之乱”而被杀。管叔鲜被杀之后,失去了封国,其管氏后世的发展随即出现了一段空白。

管叔鲜死后的管氏后裔流落踪迹无从考察,到春秋时期方在齐国出现了管氏后裔的管仲,于是又出现了管氏家族发展的轨迹。因而,依据司马迁关于管仲“颍上人也”的记载,对管仲的里籍问题也就出现了争议。

按照常理推测,管叔鲜被杀以后,蔡叔度一族被放逐,管叔鲜的后人显然已经失去了在管地的居住环境条件,流落他方的可能性极大。那么,究竟流落到什么地方去了呢？由于管仲在齐国的出现，管仲的祖先流落到齐国的可能性随即凸显了出来。这主要原因有四，一是齐国的开国元君是姜太公姜尚，姜尚是周文王延聘的谋士重臣，又是与周武王、周公旦一同推翻商纣王的第一功臣，在“管蔡之乱”的时候，周公旦代表周成王负责平叛“管蔡之乱”，姜太公负责弹压东夷等地的诸侯。由此来看，姜太公所持有的权势，使其具备保护管叔鲜后人的条件。二是姜太公对周文王在“唯发、旦贤，左右辅文王”的印象中冷落武王兄弟叔鲜的事实应当很熟悉，因而不仅与叔鲜有旧，而且对他应当也是很熟悉，因而，姜太公作为齐国国君，在管叔鲜被杀之后保护他的后人有着很好的条件。三是周公旦对自己的同母兄长叔鲜的兄弟之情一直情深意长，杀他是不得已而为之，即便把自己的哥哥杀死了，但未必忍心将其斩草除根，如何保护管叔鲜的后人，把这一任务交付于姜太公自在情理之中。四是姜太公与周公旦既有辅佐文王、武王的情谊，又有辅佐成王的重任，“管蔡之乱”以后，蔡叔度被迁得以保存，管叔鲜被杀以后其后人来到姜太公羽翼之下，符合周公旦的心理需要。因此，我们认为，管叔鲜死后，管氏家族来到了齐国。后续在齐国的发展，实则填补了管氏家族自管叔鲜死后的一段空白，这段空白的亮点，便是管仲的出现。

青溪本《管氏宗谱》中尊管叔鲜为管氏家族始祖，但不认为管仲在齐国填补了管氏家族发展中管叔鲜被杀之后的空白，而是清晰地排列了由二世管承流在颍上填补起来的一个管氏发展世系：

青溪《管氏宗谱》本谱承世系第一世为叔鲜，盖因封于管，遂以管为氏；传第二世承流（隐迹于颍上）、连清；承流传第三世既、兴；既传第四世昺；昺传第五世锜、钧、镩；锜传第六世琼；琼传第七世茂荣、茂德；茂荣传第八世朋（官平昌侯，以平昌为郡）；朋传第九世麟、麒；麟传第十世龙芝、凤芝、凰芝；龙芝传第十一世严；严传第十二世敬仲（相桓公一匡天下，称仲父而不名）；敬仲传第十三世武子鸣；武子鸣传第十四世桓子启方；桓子启方传第十五世成子孺；成子孺传第十六世庄子卢；庄子卢传第十七世悼子其夷；悼子其夷传第十八世襄子武；襄子武传第十九世景子耐涉；景子耐涉传二十世微、待、德；微传第二十一世球；球传第二十二世勉、为、祐；勉传第二十三世圭；圭传第二十四世云从；云从传第二十五世珌；珌传第二十六世迁、远、近；远传第二十七世厚；厚传第二十八世姚、如、媚；媚传第二十九世锡、銶；锡传三十世绍芳；绍芳传三十一世晋、普；晋传三十二世望；望传第三十三世伯仲（居九邉北海）；伯仲传三十四世绣；绣传三十五世宁（掷金不顾，割席分坐，号为龙首）；宁传三十六世训（居平原）；训传三十七世辂（妙通玄机，遁隐不仕）；辂传三十八世敬先、荣先；敬先传三十九世宏；宏传四十世松（仕晋中郎令，因勒石欆乱避世江左）；松传四十一世灵瑞；灵瑞传四十二世珠；珠传四十三世光、先；光传四十四世庆；庆传四十五世大悦；大悦传四十六世弘农（隋炀无道，遁隐鉴湖）；弘农传四十七世奇尤；奇尤传四十八世崇嗣（官拜振威将军，由鉴湖迁江南）；崇嗣传四十九世文政；文政传五十世仲仁（迁河南开封府）、仲宣（止）、仲恒（迁山东）、仲明；仲明传五十一世淳生；淳生传五十二世宝光（迁还淳万年街，即今之威坪）。①

据此，管叔鲜被杀后，其子辈乃隐居于颍上，到第八世朋有了"官平昌侯，以平昌为郡"的记载。今山东省诸城境内有平昌故城遗址，汉代曾在此设置县，考古学家曾对故城址做过多次调查。1982年，诸城市博物馆曾进行详细调查与勘察。故城内的"斗鸡台"及其周围，是一处龙山文化至商、周时代的古遗迹。汉代、唐宋时期的遗迹遗物也十分丰富。"平昌县"是西汉时设置，言管氏八世祖朋"官平昌侯，以平昌为郡"则不知何据。到了十二世管敬仲，有了"相桓公一匡天下，称仲父而不名"的记载，管氏后人才有了在齐国的确切记载。

战化军在《管仲评传》中认为："至管仲时，其一支早已迁移至齐。在齐国，与管仲同时在世的管氏族人见于史书的有管至父，他与连称一起戍守葵丘，后来又一起与公孙无知弑齐襄公。管至父与管仲之间似乎看不出有家族关系，这说明管仲祖上迁移齐国已久，管氏在齐已多有分支。"②管仲之前的世系不详，仅知其父名管山，字严仲，或字庄仲。《国语·齐语》韦昭注说管仲是"管严仲之子敬仲也"，《史记索隐》引《系本》说"庄仲产敬仲夷吾"，由此可见管仲之父名山，字严仲，或字庄仲。"严""庄"意义相近，或是同义

① 邵先锋、王京龙：《青溪〈管氏宗谱〉的发现与价值》，《社会科学论坛（学术研究卷）》2009年第2期，第122~126页。

② 战化军：《管仲评传》，齐鲁书社2001年版，第21页。

互用,或是避讳所改。《史记正义》引韦昭云:“夷吾,姬姓之后,管严之子敬仲也。”引文在“管严”之后漏一“仲”字,以致今人多以讹传讹,称管仲之父名管严。管山生平事迹史书无载。

按公元前1046年管叔鲜分封,两年后也就是公元前1044年被杀,管仲生于公元前716年计算,中间相隔时间约为320年,若以30年一代计,从管叔鲜到管仲约为10代。青溪《管氏宗谱》说管仲是第十二世大致是可信的。而战化军认为“至管仲时,其一支早已迁移至齐”,结合前文的相关分析,也大致是可信的。管氏一族哪一代来到齐国,虽仍然很难确定,但从周公旦对管叔鲜的兄弟情义和保护管叔鲜后人的角度来推测,估计在姜太公辞世以前就已经来到了齐国。

史载齐桓公曾把一个叫作小榖(今作“小谷”)的地方封赐给了管仲作为采邑。所谓采邑,也就是古代君主封赐给卿大夫作为世禄的田邑,也叫“采地”“封邑”或“食邑”。这个“小榖”,位于春秋时期的齐鲁交界处,大约在今曲阜的西北。也有说在今桓台县唐山一带。《左传 · 庄公三十二年》记载:“春,城小榖,为管仲也。”可见,当时齐国为管仲在榖地建筑城邑,是兴师动众的一件大事情,从中也可看出当时的管仲在齐桓公心目中的地位和影响,说明管仲一族这时候在齐国已经有了很大的发展。

有关这一时期的文献记载中,在齐国与管仲基本同时的管氏家人只有一个管至父。管至父是当时齐国的一位大将军,他曾与将军连称一起被齐襄公命令去戍守葵丘,本来与齐襄公约定当年瓜熟之时而往,下年瓜熟之时而代,但是齐襄公言而无信,到了下年瓜熟之时,并没有另外派人去接替。管至父、连称为此心生怨恨。于是两人一起与公孙无知合谋弑杀了齐襄公。这个管至父大约只不过是齐国的一个大夫,或说是管氏家族中的一个族人,并没有与管仲存在血缘关系的记载。

《史记索隐》引用《系本》的记载,说管仲家族的10代的世系是:庄仲山—敬仲夷吾—武子鸣—桓子启方—成子孺—庄子庐—悼子其夷—襄子武—景子耐涉—微。管仲后代在齐国并不显赫,直到齐国灭亡,甚至都没有关于管仲后人的记载。但管仲的后人世代生活在齐国,并受到了优厚的待遇,也属于齐国的望族,这应当是大致可信的。这从《晏子春秋》的记述中可以发现一些蛛丝马迹。《晏子春秋·内篇杂下》二十八章说:“昔吾先君桓公,有管仲恤劳齐国。身老,赏之以三归,泽及子孙。”《外篇第七》二十四章说:“景公谓晏子曰:‘昔吾先君桓公,予管仲狐与縠,其县十七。著之于帛,申之以策,通之诸侯,以为其子孙赏邑。’”由此可知,齐桓公对管仲生前的封赐丰厚,管仲的后人一直得到了享用,正所谓“泽及子孙”。由此大致可以想象到,管仲死后,管仲的后世子孙只是没有得以出人头地而名垂青史,但作为齐国的居民还是在不断繁衍生息的,而且很好地享用到了管仲的丰厚遗产。

总体上看,秦汉以前的管仲后人,在齐国管氏家族中有姓名事迹可考者实属寥寥无几,明确记载为管仲之后的更为罕见。《左传》的记载中有一个管于奚,还有一个管修,他们两个都是春秋末期的人。这个“管于奚”在齐国做什么官没有记载。只是说,鲁国大夫声伯的母亲没有举行媒聘之礼就和鲁宣公的哥哥叔肸同居,生了声伯后就被抛弃了。后来又嫁给了齐国的管于奚。这个“管修”,有记载说是管仲的七世孙,曾经自齐国来到楚国,做了楚国的阴大夫,阴为地名,在今河南省南阳附近。

秦汉以前,以管仲为中心的管氏家族发展脉络的大致情况,我们可以做以上的推测。但管叔鲜的后人是否只有这一支,因史载阙如便不得而知了。

(二)秦汉以后的发展

秦汉以后,管氏家族的发展大有枝繁叶茂之势。现有管恕正在主持编著的《管氏宗谱》加以全面梳理,此不赘述。据时任《管氏宗谱》主持人管恕介绍,汉高祖时,管氏复兴于平昌,即今潍坊地区。魏晋时逐步南迁,至东晋后,随“衣冠南渡”而聚居于金陵即今南京地区。至隋唐,在沿江一带形成金陵管氏。至唐朝末年,管氏已经分布于今江苏、浙江、江西、福建等省。宋代,管师仁大显。元代,管如德主政江西,其所属金陵派系在南方诸省得到了较大的发展。至明代时期,金陵管氏已扩散至广东、湖南、湖北等地。

此外,明初,管成、管象、管颜为大将随傅友德戍边,转战越南、缅甸一带,世袭守边,逐步形成云贵管氏,目前有近 30 万人。清代,广东、湖南、湖北管氏再迁四川、广西等地。今山东地区管氏,胶东一带,为元末从江苏回迁而来;山东南部管氏与河南光新管氏有渊源,详情尚不清楚。

就当代而言,当代山东省高密地区的作家莫言,原名管谟业,以其高质量的文学作品获得了2012年的诺贝尔文学奖,是第一个获得诺贝尔文学奖的中国籍作家。

现在分布于世界各地的管氏后人和版本众多的管氏族谱,大多都尊奉管仲为先祖,索其依据,多是大同小异。当今管氏人口分布甚为广泛,尤以山东、江苏两省居多。山东境内管氏后人多,可能与管仲有关,江苏一带管氏后人多,大约又因与山东搭界,历代战乱时期北方人口向南多有迁徙有关。

第五章　管子的重大变革理论贡献

管子辅佐齐桓公“九合诸侯，一匡天下”，首霸春秋，成功的秘诀就在于实施了空前的社会变革。这至少说明了两点：一是实行的变革措施适应了齐国社会发展的需要，否则，这些变革措施的实施绝对不会推动齐国社会的巨大发展；二是实行的变革措施得到了齐国社会的普遍支持，否则，这些变革便不会获得齐国社会的支持而大获成功。《论语·宪问》中孔子说管子“夺伯氏骈邑三百，饭疏食，没齿无怨言”，应当正是齐国社会对于管子社会变革态度的一个具体缩影。

从学术界对于管子变革措施的梳理来看，管子在推动齐国变革的过程中的基本宗旨，正如《管子·治国》篇所说“凡治国之道，必先富民”。围绕于此，采取的措施很多，其中比较突出的重大变革理论发现和实践措施，在许多方面都有具体的反映。在此，谨将管子的重大变革理论贡献加以简要罗列阐释。

一、关于“仓廪实则知礼节，衣食足则知荣辱”

原文出处及大意：

“仓廪实则知礼节，衣食足则知荣辱”这句话，出自《管子·牧民》篇，是《管子》一书的开卷名言：

> 凡有地牧民者，务在四时，守在仓廪。国多财则远者来，地辟举则民留处，仓廪实则知礼节，衣食足则知荣辱。

这句话的本意是说，凡是拥有土地治理人民的君主，最重要的是把握好四时农事，保证粮食储备，掌控好仓库的虚盈。国家财力充盈，远方的人民就会自动迁来；荒地开发得好，人民就会安心居住在这里。仓库里的粮食充足了，老百姓自然就会知道遵守礼节；人们丰衣足食了，自然就会懂得光荣与耻辱。

变革要点：

《牧民》篇是《管子》"经言"篇的主要篇章之一，一向被认作管仲的遗作或思想。因此，这一思想是西周社会向春秋社会转变过程中的产物，反映了管仲对于西周时期"礼乐治国"社会现实的深刻洞察和春秋初期"礼崩乐坏"社会现实变革方向的深刻认识。

周代建立以后，周公"制礼作乐"而形成了"礼乐治国"的文化传统。这一传统的形成和延续，是以宗法伦理环境当中的贵族阶层为基本保障的。贵族阶层有不劳而获的行为传统，自然地养成了好逸恶劳的行为习惯，因而学会了享受，研究出了礼仪制度。重视追求物质生活的享受而不重视物质财富的生产，这是富人的通病，更是西周以来宗法伦理贵族统治体系逐渐走向式微的重要原因。进入春秋时代以来，周王室对各诸侯国的控制能力日渐衰弱，管仲在这时候主政齐国变革，提出"仓廪实则知礼节，衣食足则知荣辱"，在看到了"知礼节""知荣辱"的同时，突出强调了"仓廪实"与"衣食足"的物质条件的生产与满足。"仓廪实"与"衣食足"是"礼乐治国"环境条件下"有地牧民者"所无须多虑的事情，管子的强调显现出来的变革意义，就在于站在了贵族统治者的立场上，对"礼乐治国"进行了有效补充，是对已有的"礼乐治国"思维定式的一种巨大变革。管子正是在深刻认识这一变革过程中发现了"仓廪实则知礼节，衣食足则知荣辱"这一重大理论问题的。

变革的价值与意义：

管子的这一理论发现，把人类社会物质与精神两方面的关系融合，形成了和谐管理的思想理论，从而改变了西周以来"礼乐治国"理念下的基本管理模式，把社会管理的基本视角转移到了对于被管理层面的满足上来，极大开阔了"礼乐治国"环境中宗法君主的固有管理视野，开辟了民本管理的新方向，促成了后世由民本到人本管理的新思路，奠定了人本管理思维模式的早期雏形，为国家管理的人本化开辟了一条广阔的发展道路，对后世的社会管理有着极大的影响。

二、关于"国有四维"

原文出处及大意：

"国有四维"的理论，是在《管子·牧民》篇中提出来的，原文是这样的：

> 国有四维，一维绝则倾，二维绝则危，三维绝则覆，四维绝则灭。倾可正也，危可安也，覆可起也，灭不可复错也。何谓四维？一曰礼，二曰义，三曰廉，四曰耻。

大意是说，一个国家的兴亡有四个关键的因素，这就是礼、义、廉、耻。这四个因素，一个因素做不好国家大局就会倾斜，两个因素做不好国家大局就会有危险了，三个因素做不好国家大局就会面临颠覆，四个因素都做不好国家就会灭亡了。礼、义、廉、耻属于国家意识形态领域的宏观要素，管子把礼、义、廉、耻看作国家兴亡的决定因素，显然看到的是人的思想意识与国家的社会道德引导对于国家发展的决定性作用。

变革要点：

有周一代是从礼乐治国起家的，礼乐治国的核心在于通过对社会道德的强调而实现对人们社会行为的引导与规范。西周末期以来，由于各种复杂因素的影响，周王室大权旁落，诸侯逐渐坐大，导致了社会对于功利与物欲追求理念的急剧膨胀，对于社会道德观念的关注度开始减弱，于是也就自然形成了诸侯竞强的社会局面。诸侯不听王室的号令，自然也就无所谓礼义廉耻，周王室的一统天下格局由此被破坏，天下随之也就大乱了。这一现象，在周王室看来是诸侯不顾礼义廉耻而造成的。这是令周王室痛心疾首的大问题。同样道理，在诸侯们那里，他们虽然急于追求自身的发展，但同样需要用礼义廉耻维系一个安定地社会环境，所以，也要高度重视礼义廉耻问题。孔子在《论语·季氏》篇中说："天下有道，则礼乐征伐自天子出；天下无道，则礼乐征伐自诸侯出。"春秋时期的诸侯们都是双面孔的，向上，对王室并不去认真地顾及礼义廉耻问题，看到的多是自身的利益和自我发展问题，向下，却又必须要认真地对待礼义廉耻的社会道德问题，周王室面临的现实局面就是前车之鉴。郑国的“周郑交质”是郑庄公导演的故事，管子导演的齐国变革是齐桓公时期的事情，二者处在同一历史时期。管子在齐国的变革实践中提出礼义廉耻“国之四维”的问题，看到的正是这样一个社会现实，这就是，周王室那样单纯地强调社会道德是不行的，郑庄公那样不顾礼义廉耻也不行。要真正实现齐国的健康发展，就必须在促进经济发展的同时，做好社会道德建设，用礼义廉耻这个道德规范引导社会经济发展。所以“礼义廉耻，国之四维”，这是决定国家长治久安的大政方针。

变革的价值与意义：

管子这一理论发现的价值，突出表现在辩证地否定了周王室“礼乐治国”的理念和“周郑交质”之类的行为，在此基础上发现了用“礼义廉耻，国之四维”这个“礼乐治国”的核心理念统辖变革发展的社会现实。这是一个人类社会发展的基本规律，管子的这一发现对人类社会的发展是一个巨大的贡献，其价值和意义都是十分重大的。

三、关于“知予之为取者，政之宝也”

原文出处及大意：

“知予之为取者，政之宝也”的理论观点，也是在《管子·牧民》篇中提出来的，原文是这样表述的：

> 政之所兴，在顺民心；政之所废，在逆民心。民恶忧劳，我佚乐之；民恶贫贱，我富贵之；民恶危坠，我存安之；民恶灭绝，我生育之。能佚乐之，则民为之忧劳；能富贵之，则民为之贫贱；能存安之，则民为之危坠；能生育之，则民为之灭绝。故刑罚不足以畏其意，杀戮不足以服其心。故刑罚繁而意不恐，则令不行矣；杀戮众而心不服，则上位危矣。故从其四欲，则远者自亲；行其四恶，则近者叛之。故知予之为取者，政之宝也。

这段话的大意是说，国家政令所以能够推行，关键在于顺应民心；国家政令之所以废弛,关键又在于违背了民心。人民害怕忧劳,国家政令就要使他们能够安乐;人民害怕贫贱,国家政令就要引导他们能够富贵起来;人民害怕遭遇危难,国家政令就要使他们能够安定下来;人民害怕断子绝孙,国家政令就要为他们创造生育繁息的良好环境。如果国家的政令能够使人民安乐生活,人民就可以为国家去承受忧劳;如果国家的政令能够使人民富贵起来,人民就可以为国家去忍受贫贱;如果国家的政令能够使人民安定地生活,人民就可以为国家去承担危难;如果国家的政令能够使人民正常生育繁息,人民也就不惜去献身牺牲了。所以说,单靠刑罚并不足以使人民真正害怕,仅凭杀戮也不足以使人民心悦诚服。刑罚繁重而人心并不畏惧,人心不畏惧刑罚了,法令自然也就无法推行;杀戮多行而人心同样并不畏服,人心不畏惧杀戮了,国家政权也就危险了。因此,国家政令能够满足人民的基本愿望,人心自然就会凝聚到国家的核心需求上来;国家的政令与人民的正常需求背道而驰,人民自然就会与国家政权离心离德。由此可知,"予之于民就是取之于民"的为政原则,是治国理政的根本性法宝。

变革要点:

周代的社会体系是以宗法管理为基础建立起来的,而宗法管理体系又是以血缘和拟血缘关系为基础的,因而血缘关系的亲疏决定着宗法体系中地位的高低,非血缘关系成员的贡献大小同样决定着其在宗法体系中的地位高低。简单来说,与周天子没有血缘关系以及对于王室没有突出贡献者,是不可能进入到宗法体系中来的。因此,有周一代的社会管理,在整体的阶级划分上是很清晰的,只有统治阶级和被统治阶级,所谓宗法体系主要是在统治阶级内部建立起来的。按照中国古代文献中对于"人民"一词的习惯性解释,春秋时期的"人"主要指的是宗法体系中的社会成员,以及"民"当中与"人"比较接近的部分社会成员;而"民"则主要是指宗法体系以外的社会成员。由此可见,管子所谓"知予之为取者,政之宝也",既是调节统治阶级与被统治阶级关系的一种理论指导,也是调节最高统治层与所有被统治层关系的一种理论指导,是用以调节"人"与"民"关系的原则。

管子为什么会提出这样一个问题呢?关键在于周代的贵族从上到下有着一种"普天之下,莫非王土"的传统观念,骨子里就有着不劳而获的天性,被统治者的无私奉献在他们看来是理所当然的。因此，作为统治者，根本是无须顾及被统治者的利益所得的。而社会的发展是以社会生产力的发展为基本动力的，社会生产力的发展又是以社会生产者的生产积极性为基本动力的，社会生产者终日辛勤劳作却“无衣无褐”，必然就会导致社会发展的踯躅不前。如何解决这一问题呢？管子提出的解决办法就是变革社会管理方式。将统治者独自享有被统治者的劳动所得变为统治者与被统治者分享被统治者的劳动所得，使得社会劳动者从一无所得变为一定程度的劳有所得，由此而让社会劳动者的生活欲望在一定程度上得到满足，劳动生产的积极性得以提高。这就是“知予之为取者，政之宝也”的本质之所在。

变革的价值与意义：

“知予之为取者，政之宝也”的提出，实质上是对于社会分配制度的一种变革，这里边包含了两个方面的崭新理论观念，一个是将促进社会发展的着眼点转移到提高劳动者社会生产积极性上来，形成了民本管理理念的理论雏形，再一个就是将变革社会分配制度看作解放社会生产力的根本性措施，让社会生产者从劳动成果的“一无所获”变成了“劳有所得”，产生了社会劳动合理分配的崭新理论观念，形成了社会分配公开公平的理论雏形。当然，管子的这一变革是极其初步的，有着明显的时代局限性，但这丝毫无损于其在人类社会的分配制度变革史上的突出历史地位。

四、关于“相地而衰征”

原文出处及大意：

“相地而衰征”在《国语·齐语》《管子·小匡》中都有记载。《国语·齐语》篇中对“相地而衰征”的记载是这样的：

> 相地而衰征，则民不移；政不旅旧，则民不偷；山泽各致其时，则民不苟；陆、阜、陵、墐、井、田、畴均，则民不憾；无夺民时，则百姓富；牺牲不略，则牛羊遂。

与之相配套的是“均地分力”，这在《国语·齐语》《管子·乘马》等文献中都有记载。《管子·乘马》篇对“均地分力”的记载是这样的：

> 均地分力，使民知时也。民乃知时日之蚤晏，日月之不足，饥寒之至于身也。是故夜寝蚤起，父子兄弟不忘其功，为而不倦，民不惮劳苦。故不均之为恶也，地利不可竭，民力不可殚。不告之以时而民不知，不道之以事而民不为。与之分货，则民知得正矣；审其分，则民尽力矣。是故不使而父子兄弟不忘其功。

这两段文献中的“相地而衰征”与“均地分力”是关于收入分配制度和土地使用制度的配套性变革措施，“均地分力”说的是土地使用制度的变革问题，“相地而衰征”说的是土地劳作收获的分配制度问题。

《齐语》中“相地而衰征”的大意是说，国家要根据土地的优劣来征税。这样，土地质量好的多征，土地质量差的少征。在实行差别征税的基础上，实现土地数量的相当，农民就不会荒废土地了。这样公平合理了，老百姓就不会产生怨恨了。

《乘马》篇中关于“均地分力”这段文献的大意是说，“均地分力”就是把土地与人口折算分配，实行分户经营。由于把劳作与所得结合在一起，这样就可以使人民抓紧农时，他们就会自觉地关注季节的早晚、光阴的紧迫和饥寒的威胁。晚睡早起，父子兄弟全家关心劳动，不知疲倦并且不辞辛苦地经营。原来，没有把土地分配下去，地利不能充分利用，人力不能充分发挥，不告知农时，人民就不抓紧，不教以农事，人民就不干活。实行了这种“均地分力”的办法后，做到“与民分货”，人民就切实看到了有得有失（征），为了自己的所得，就会尽力劳作，自然不必去变着法儿督促，他们全家的父子兄弟都会来关心生产。

变革要点：

“相地而衰征”包括三方面内容：一是“均地分力”，二是“与之分货”，三是“差别征税”。“均地分力”就是按劳动力多少平均分配耕地。在“均地分力”的基础上再实行按收成多少征收赋税，也就是“与之分货”。由于土地质量不同，收税数量自然不同，土地质量好的自然要多征，土地质量差的自然要少征,把土地质量好的与土地质量差的相当数量分配,就会实现每个劳动力征税总量的基本相当。总之,每亩土地的租额,按土地的好坏和产量的高低,而有征税轻重的差别,这就是“相地而衰征”。

周代的宗法制环境中,一方面土地资源属于宗法君主所有,土地的所有权在各级宗法主,也就是天子与大大小小的诸侯和卿大夫,另一方面,土地耕作者的劳动与劳动所得是分离的,土地的耕作者只有辛勤耕作的义务,而没有获得劳动收获的权利。由此而带来的问题是,土地所有者剥夺劳动者劳动成果的欲望日益增大,而土地耕作者的劳动积极性日益降低。由此而造成的直接后果便是土地耕作者的逃离和土地的大量荒芜。这一严酷的社会现实,迫使土地所有者必须要对土地的使用适度给予变革。这就是齐国“相地而衰征”产生的基本背景。

管子在齐国率先提出并实行“相地而衰征”的土地使用制度改革,首先是在理论上发现了制约劳动者积极性的关键问题。在土地所有权不可动摇的基础上,劳动与劳动所得的分离,是导致劳动者劳动积极性低下的根本原因。这一理论发现,实际上打破了原有土地使用制度的固有模式,是对原有的土地使用制度的一种彻底性变革,对于解放劳动生产力、提高土地生产率,都有着极其重要的理论价值和社会现实意义。其次,对土地劳动者的劳动与劳动所得实行了尽可能的最大限度分配,一方面,在土地的数量上按照劳动力的多少分配,另一方面,在土地质量上按照优劣程度不同适当分配。这样,每一个劳动单元(比如一家),不同的劳动力人口,土地数量不同就会交纳不同数量的赋税,每个劳动力所获得的土地,在质量上可能不同,在数量却是相当的。由此而使得同样的劳动者,不仅有了自己的应有所获,而且在劳动所得的获取上和交纳上实现了最大限度的公平与合理。再次,“均地分力”与“差别征税”,在本质上是对原来固有的生产模式的变革,核心问题在于“与民分货”,也就是回到社会分配的基本方式调整上来了,与所谓“知予之为取者,政之宝也”的基本精神是完全一致的。

变革的价值与意义:

管子“相地而衰征”这一理论发现,对中国古代的土地使用制度变革产生了极其深远的历史影响,在一定程度上直接影响了其他诸侯国的经济改革。最为典型的是鲁国的"初税亩"制度。《左传·宣公十五年》记载说:"初税亩,非礼也,谷出不过藉,以丰财也。"杜预的解释认为,鲁国的"初税亩","公田之法,十足其一;今又履其余亩,复十取一"。对公田征收其收成的十分之一作为税赋,对公田之外的份田、私田同样根据其实际亩数,收取收成的十分之一作为赋税。这种按耕地的实际亩数收取实物赋税的做法与桓管改革中的"均地分力""相地而衰征"有很大的相似之处。鲁国实行的"初税亩"制度,要比管子的"相地而衰征"有着更进一步的变革意义,其本质是凡占有土地者均按土地面积交纳赋税。如果说鲁国的"初税亩"标志着土地私有合法化和我国奴隶社会土地国有制瓦解的开始,那么,管子在齐国实行的"相地而衰征"的变革无疑就是土地私有合法化和我国奴隶社会土地国有制瓦解的破冰之举。管子的"相地而衰征"与鲁国后来的"初税亩"一起,成为春秋时期土地制度与农业税收变革中的标志性事件。

五、关于"四民分业"

原文出处及大意:

"四民分业"在《国语·齐语》和《管子·小匡》等文献中都有记载。《小匡》篇中的记载是这样的:

> 士农工商四民者,国之石民也,不可使杂处。杂处则其言咙,其事乱。是故圣王之处士必于闲燕,处农必就田野,处工必就官府,处商必就市井。今夫士群萃而州处,闲燕则父与父言义,子与子言孝,其事君者言敬,长者言爱,幼者言弟。旦昔从事于此,以教其子弟,少而习焉,其心安焉,不见异物而迁焉。是故其父兄之教,不肃而成;其子弟之学,不劳而能。夫是故士之子常为士。今夫农群萃而州处,审其四时,权节其用,备其械器,比耒耜穀芨。及寒,击槁除田,以待时乃耕,深耕,均种,疾耰。先雨芸耨,以待时雨。时雨既至,挟其枪刈耨镈,以旦暮从事于田野,税衣就功,别苗莠,列疏遬。首戴苎蒲,身服袯襫,沾体涂足,暴其发肤,尽其四肢之力,以疾从事于田野。少而习焉,其心安焉,不见异物而迁焉。是故其父兄之教,不肃而成;其子弟之学,不劳而能。是故

农之子常为农。朴野而不慝，其秀才之能为士者，则足赖也，故以耕则多粟，以仕则多贤，是以圣王敬畏戚农。今夫工群萃而州处，相良材，审其四时，辨其功苦，权节其用，论比、计制、断器，尚完利。相语以事，相示以功，相陈以巧，相高以知事。旦昔从事于此，以教其子弟。少而习焉，其心安焉，不见异物而迁焉。是故其父兄之教，不肃而成；其子弟之学，不劳而能。夫是故工之子常为工。今夫商群萃而州处，观凶饥，审国变，察其四时而监其乡之货，以知其市之贾。负任担荷，服牛辂马，以周四方；料多少，计贵贱，以其所有，易其所无，买贱鬻贵。是以羽旄不求而至，竹箭有余于国，奇怪时来，珍异物聚。旦昔从事于此，以教其子弟。相语以利，相示以时，相陈以知贾。少而习焉，其心安焉，不见异物而迁焉。是故其父兄之教，不肃而成；其子弟之学，不劳而能。夫是故商之子常为商。

管子所说的“四民”有着明确的所指，这就是“士农工商四民者，国之石民也”。“分业”指的是让士农工商按照从事的行业不同而分别聚居，由此而让他们“旦昔从事于此，以教其子弟”，从而使“其父兄之教，不肃而成；其子弟之学，不劳而能”，以形成“士之子常为士”“农之子常为农”“工之子常为工”“商之子常为商”的社会产业结构框架。

变革要点：

人类社会发展中的社会分工是一个很大的问题，恩格斯在《家庭、私有制和国家的起源》①一书的第九部分（即“野蛮时代和文明时代”）中曾提出了非常著名的三次社会大分工理论，认为第一次社会大分工是原始社会末期农业部落和游牧部落从狩猎、采集者中的分离，第二次社会大分工是指手工业和农业之间的分离，第三次社会大分工则是指原始社会晚期商人阶层的产生。对此，我国史学界曾经不同程度地关注过。尤其是在第二次和第三次社会大分工问题上，我国学术界也不断提出新的认识。② 按照这样的理

① 恩格斯：《家庭、私有制和国家的起源》，人民出版社 1999 年版。

② 宋敏桥：《试论中国古代史上两次社会大分工》，《求索》2005 年第 8 期，第 168 ~ 172 页。

论划分，社会分工与社会职业划分是两个不同的概念，我国历史上早在商周之际就已经形成了比较明确的社会职业分工，只不过这个社会职业分工很少触及社会产业的分工问题。管子在齐国的变革实践中，对士农工商实行了明确的聚居而处，实行“四民分业”，实际上就是一种产业分工措施。其变革的核心在于两点，一是实现了社会产业分工的进一步细致化，形成了士农工商四个大的社会产业部类均衡发展的基本框架，二是实现了士农工商四民分业而聚居的社会化管理方式，这在中国历史上都是前所未见的理论实践。这一理论发现与实践措施，不仅对齐国社会产业的发展产生了巨大的推动作用，而且在中国社会的发展史上占据着十分重要的地位。

变革的价值与意义：

管子对于“四民分业”理论发现与实践的价值与意义主要反映在三个方面，一是打破了固有的贵族役使贱民的社会管理模式，在参与社会产业生产的“部分贵族”与“全体贱民”当中实现了产业化管理。二是提升了社会产业参与者的社会地位。在周代的社会管理系统中，“士”是君主、卿、大夫、士序列中最底层的贵族，农工商则都属于贵族阶层以外的“贱民”之列。将士农工商四者并列在一起，而且称之为“国之石民”，也就是国家最基本的支柱性产业民众，使农工商产业从业者的社会地位大幅度提升。三是让士农工商四民分业聚居，实现了职业教育的传统化管理。显然，这一变革措施，在理论上形成了中国古代最早的职业分工理念，在实践上则构成了中国古代最早的社会产业的精细化管理。班固在《汉书·食货志上》中解释说，在西周时期，“士、工、商家受田，五口乃当农夫一人”。这说明在西周时期，士、工、商并未完全脱离农业生产。而管仲将工商从农业生产中完全独立出来，这是一个重大的改革。这一改革的实现表明，“管子在当时的历史条件下，以先进的政治经济观点，提出了四民分业定居的主张和措施，不仅是对当时的国家管理体制的重大改革，而且也是经济区划改革的重大措施，这对促进生产的发展、社会的进步具有划时代的意义和作用”①。

① 王秀珠、李英森：《齐国经济管理体制的重大改革——论〈管子〉的“四民分业”》，《管子学刊》1988 第 1 期，第 15～19 页。

六、关于“官山海”

原文出处及大意：

管子提出的所谓“官山海”，实质上指的就是国家矿产资源与海洋资源的国家统一管理。从当时的齐国社会生产力发展情况来看，所谓矿产资源的国家统一管理，主要指的是铁的生产与销售，海洋资源的国家统一管理主要指的是食盐的生产与销售。这一理论与实践，主要见于《管子·海王》篇的记载：

桓公问于管子曰：“吾欲藉于台榭何如？”管子对曰：“此毁成也。”“吾欲藉于树木？”管子对曰：“此伐生也。”“吾欲藉于六畜？”管子对曰：“此杀生也。”“吾欲藉于人，何如？”管子对曰：“此隐情也。”桓公曰：“然则吾何以为国？”管子对曰：“唯官山海为可耳。”

桓公曰：“何谓官山海？”管子对曰：“海王之国，谨正盐策。”桓公曰：“何谓正盐策？”管子对曰：“十口之家十人食盐，百口之家百人食盐。终月，大男食盐五升少半，大女食盐三升少半，吾子食盐二升少半。此其大历也。盐百升而釜。令盐之重升加分强，釜五十也。升加一强，釜百也。升加二强，釜二百也。钟二千，十钟二万，百钟二十万，千钟二百万。万乘之国，人数开口千万也，禺策之，商日二百万，十日二千万，一月六千万。万乘之国，正人百万也。月人三十钱之籍，为钱三千万。今吾非籍之诸君吾子，而有二国之籍者六千万。使君施令曰：吾将籍于诸君吾子，则必嚣号。今夫给之盐策，则百倍归于上，人无以避此者，数也。今铁官之数曰：一女必有一针一刀，若其事立。耕者必有一耒一耜一铫，若其事立。行服连轺辇者，必有一斤一锯一锥一凿，若其事立。不尔而成事者，天下无有。令针之重加一也，三十针一人之籍。刀之重加六，五六三十，五刀一人之籍也。耜铁之重加十，三耜铁一人之籍也。其余轻重皆准此而行。然则举臂胜事，无不服籍者。”

桓公曰：“然则国无山海不王乎？”管子曰：“因人之山海假之。名有海之国雠盐于吾国，釜十五，吾受而官出之以百。我未与其本事也，受人之事，以重相推。此用人之数也。”

这段文献的大意是说，齐桓公向管仲说要开征房屋税、树木税、牲畜税、人头税，管子不同意，建议用国家专营山海资源的办法代替这些税赋的征收。所谓国家专营山海资源，就是说，靠山海资源成就王业的国家，就要注意使用征税于盐的政策。“十口之家就是十人吃盐，百口之家就是百人吃盐。”食盐是人的生活必需品，只要利用好食盐价格的调控，就会有很高的税收，不必征收杂税。只要吃盐，就得交税。假设君主下令对全国大人小孩直接征税，那就一定会引起全国上下一片叫喊反对。假若国家垄断食盐销售，仅仅把价格稍稍提高，人们并不会有什么感觉，但百倍的税收归于君主了，而且哪个人都无法规避。同样，每一个妇女必须要有针和剪刀，每一耕者必须要有犁、铧和锄头，每一个修造车辆的人，必须有斧、锯、锥、凿。如果国家垄断铁的生产与销售，把铁制品的价格稍稍提高，不仅每一个使用铁制品的人都要增加交税数量，而且也是在不知不觉中提高了缴税额度，国家的税收同样也会大大增加。有山海资源的国家把山海资源的生产与销售控制好，国家就会有源源不断的巨大税收；国家没有山海资源的，可以进口别国的山海资源，而国家垄断价格，同样也可以从此控制国家税收。

变革要点：

“官山海”的变革要点是国家实行生产和生活资料的国家垄断，以此而实现国家税收征收数量的增加和征收种类的减少与隐蔽。

变革的价值与意义：

齐国地区的食盐生产与销售是古已有之的传统。考古学家通过2007年的考古调查工作，进一步明确了鲁北沿海地区是殷墟时期商王朝的制盐中心这一认识，并首次确认了东周时期的制盐工具和遗址群。[①] 在渤海南岸地区的滨海平原上发现了“十几处规模巨大的商周时期盐业聚落群。这些遗址群出土的器物中，几乎全是制盐工具盔形器”[②]。考古的发现证明，中国

① 鲁北沿海地区先秦盐业考古课题组：《鲁北沿海地区先秦盐业遗址2007年调查简报》，《文物》2012年第7期，第4～15页。

② 燕生东：《商周时期渤海南岸地区的盐业》，文物出版社2013年版，第36页。

古代盐的生产、使用和盐业经营有着很早的历史，齐国地区早在殷墟时期就已经成为商王朝的盐业生产中心。《史记·齐太公世家》中记载说，姜太公在这里封邦建国之初"通商工之业，便鱼盐之利"，实际上采取的就是对这里的盐业生产聚落群的一些鼓励措施。由于采取了这些鼓励措施，使得这里的盐业生产得到了很好的发展，齐国经济水平由此得到了较大提升，齐国遂很快成为大国。在齐国，大约在姜太公之后，盐业的生产一直是一个传统性的重要产业，对齐国的发展是重要的经济支撑。正因如此，到了春秋时期管子改革，提出"官山海"，对盐业的生产与销售实行国家垄断管理，也就顺理成章了。

在齐国，铁的生产同样有着比较早的历史。学术界的研究认为，"我国的铁器时代始于公元前8世纪初的两周之际，或者说春秋时代的开始也就是我国铁器时代的开始，其标志是中原地区人工冶铁的发生，块炼渗碳钢技术、液态生铁冶铸技术的发明，全铁制品的出现，以及冶铁地域的初步扩展"①。在有关齐国的考古发现中，关于春秋时期铁器的发现也十分丰富，其中不乏春秋早期偏晚、春秋中晚期、春秋晚期的铁器②；在文献当中有关齐国铁器的记载也不少，《管子》《国语》《山海经》中都有明确记载。③ 这些文献记载和考古发现都可以说明齐国冶铁技术在当时诸侯国当中所处的先进水平。正因为先进，所以才有垄断价值，又正因为具有较高的垄断价值，所以才能在管子推行的变革中得以被充分地利用。

由此我们可以看出，管子实行的"官山海"变革，实际上就是一种国家对重要生产生活资料实行垄断经营的政策。盐业生产销售的垄断，是在原有传统盐业聚落群生产基础上的强权干预，《管子·小匡》以及《国语·齐语》中记载的"关市几而不征"，就是一项主要针对盐业销售的鼓励性政策。④新兴的铁器生产与销售显然受到了盐业垄断经营的影响，随即在齐国产生

① 白云翔：《先秦两汉铁器的考古学研究》，科学出版社2005年版，第45页。

② 张光明、于孔宝、陈旭主编：《中国冶铁发源地研究文集》，齐鲁书社2012年版，第57～61页。

③ 张光明、于孔宝、陈旭主编：《中国冶铁发源地研究文集》，齐鲁书社2012年版，第3～4页。

④ 王京龙：《〈管子〉"关市几而不征"新解》，《经济纵横》1991年第4期，第54～55页。

了“官山海”的垄断经营政策。管子的这一变革措施，对后世社会的发展影响巨大，其基本的价值和意义突出表现在，在以强权政治干预经济管理的运行模式的创立方面，享有筚路蓝缕之功，为后世社会树立了一个垄断经营的楷模。虽然对于铁器的垄断管理伴随着铁器普及程度的不断提高而不得不放开了，但由于食盐生产独特的资源优势有着特殊的不可替代性，因而对于盐业的垄断经营，自管子以来的两千多年始终得到了强权政治的垄断干预，形成了特色鲜明的社会产业垄断发展历史。翻检《中国盐业史》①，春秋以来的盐业生产与销售，都离不开“垄断”这两个字。在“垄断”的旗帜之下，盐业的生产与销售，既是君主专制的供养母乳，更是欺骗压榨劳动人民的千年不朽的机器。这种盐铁生产销售的产业，无异于高度计划经济条件下的国有大型企业。从国家支柱产业的发展层面上看，管仲的这一改革举措有着开创性的筚路蓝缕之功。

七、关于“工商立国”

原文出处及大意：

齐国素有重视工商发展的传统。《史记·齐太公世家》的记载说，齐国在太公时期就“通商工之业，便鱼盐之利，而人民多归齐，齐为大国”。实际上说的就是齐国在封邦建国之初就形成了“工商立国”的基本方针。在春秋时期的管仲改革过程中，对这一传统国策采取的最重要的改革措施，就是极大地提高了工商产业及其从业人员的社会地位。这个措施，在《管子·小匡》和《国语·齐语》等相关文献中多有记载，《管子·小匡》的记载是：

> 士农工商四民者，国之石民也。

这一文献的大意是说，士农工商四类产业的从业人员，是国家的基本民众，是国家产业发展的基本支撑。“石民”，就是基础、柱石之民。

变革要点：

---

① 郭正忠编：《中国盐业史》，人民出版社 1997 年版。

管子这一变革的要点在于提升工商业从业人员的社会地位，从而实现对国家工商产业的鼓励和促进。这在齐国的发展历史上是前所未有的，在中国两千多年封建社会“农本工商末”的大环境中更是独树一帜的奇葩。

变革的价值与意义：

对于这段文献的认识，首先要从“士农工商四民”所处的社会地位开始。周代社会中，作为统治者据点的城及其附近的郊野称之为“国”，居住于其中的主要是隶属于统治阶层的贵族和平民。“国”之外的广大田土被称为“野”，劳作于“野”的主要是被征服地区的土著居民等，他们被称为野人，又称庶人、庶民，他们是农业生产的主要承担者，也是被统治阶层的主体。“国”中的农、工、商和“野”外的庶人、庶民构成了西周社会中的被统治阶层。在统治者阶层中，“王”处于最顶端，也就是《诗经·小雅·北山》中所描述的“溥天之下，莫非王土；率土之滨，莫非王臣”。周王室曾分封了若干诸侯国，依次分为公、侯、伯、子、男五等爵位。诸侯受王室之封，拥有一方土地和人口，并负有向王室纳贡和从征等义务。卿大夫是从属于诸侯一级的贵族，卿大夫拥有诸侯分封的土地和人口，但也要为诸侯尽义务。“士”出身于贵族，但处在统治阶层的最底端，其成分极其复杂，《国语·晋语》所谓“大夫食邑，士食田”，意思是说，“士”大多是要靠禄田生活的。总之，“士”的生活并不富足，但他们属于统治阶层的一部分。在西周乃至春秋时期的社会秩序中，士、农、工、商本来并不属于同一阶层，有着不同的社会责任，一切都是天经地义的。管子实行“士农工商，国之石民”变革的价值和意义就在这里：一是把本分别属于统治阶层和被统治阶层的两部分人员放在同一个层面上看待，同时看作社会产业的基本民众，实际上在很大程度上提高了被统治阶层的“农工商”的社会地位，对解放“农工商”产业的社会生产力，促进其社会生产，显然有着巨大的社会推动作用；二是《管子》书中有着十分丰富的鼓励和发展工商业的思想乃至于具体的政策和措施，这都应当是这一变革背景下的积极产物，说明了这一变革对齐国工商业的发展的确产生了巨大的推动作用。

《国语·齐语》记载说：“管子于是制国以为二十一乡，工商之乡六，士乡十五。”韦昭注“工商之乡六”云：“工、商各三也，二者不从戎役也。”又载“工立三族”“市立三乡”。韦昭注:“族,属也。……上言工商之乡六,则各三也。”在国都中设立三个工乡、三个商乡,他们不事耕作,不服兵役,而安心于手工业生产、商业经营,形成了专业队伍,此即《国语·齐语》所说:“少而习焉,其心安焉,不见异物而迁焉。”当时,工商从业人员众多。齐国国都之中共有二十一乡,工商就占了六乡,可见所占比例之大。据《国语·齐语》所载,当时一乡为二千家,以此计算,当时齐国都城中有工商户一万二千家,由此可见队伍之庞大。这都应当是管仲工商业改革的丰硕成果,与“士农工商四民者,国之石民也”的变革是密不可分的。

八、关于“修旧法,择其善者而业用之”

原文出处及大意:

关于管子“修旧法”的记载,《管子·小匡》《国语·齐语》中都有记载。《国语·齐语》的记载是这样的:

> 修旧法,择其善者而业用之。韦昭注:“旧法”乃“百王之法也”。“业,犹创也。”

其大意是说,所谓“修旧法”,也就是选择以往的那些适合当今社会使用的“百王之法”,进行创造性的利用。

变革要点:

管子这一变革的要点反映在两个方面,一是注重对传统的继承,一是注重变革本身的创造性发展。实际上,社会是在不断变革中实现进步和发展的,变革的实现往往有两种方式,一种是在继承旧有基础上的继承性变革,一种是打破旧有基础的创造性变革。任何的变革都是一个复杂的过程,都是不可能割断历史的,充分吸收借鉴历史的经验是不可避免的。不管是继承性的变革,还是创造性的变革,变革过程中任何的“旧法”都不能照搬,都要切合当今的社会实际,创造性地赋予新的内容,这就是“业用之”。凡变革必有阻力,变革的力度越大,往往阻力也就越大。管仲有效地克服了现实的改革阻力,这与管仲“修旧法,择其善者而业用之”的改革经验有着直接的关系。

变革的价值与意义：

管子的这一变革措施，实际上解决了一个如何妥善处理继承与变革的关系的重大问题。“修旧法”强调的是继承中的创新发展，在创新中有效继承，从而实现继承与创新的完美结合。显然，管子的“修旧法”是一种社会实践的总结，既与孔子、孟子所谓的“法先王”不同，也与荀子所谓的“法后王”不一致，而是一种带有“温水煮青蛙”性质的温和变革，既易于被社会各方面接受，又易于获得实践层面上的成功。因而为后世历朝历代此起彼伏的社会变革的成功实践提供了经验和典范。由此而显现出了管子作为一个伟大改革家的非凡才能和超人智慧。《韩非子·难一》篇评论管子当年为了便于治理齐国，曾经公开向齐桓公要名、要富、要地位时这样说：“管仲以贱为不可以治国，故请高、国之上；以贫为不可以治富，故请三归；以疏为不可以治亲，故处仲父。”《说苑·尊贤》篇中记载孔子的评论说：“管仲之贤，不得此三权者，亦不能使其君南面而霸矣。”这些信息都说明，当时管仲改革所遇到的阻力是很大的。但是，最终管仲顺利地实施了改革，并取得了巨大的成功，这除了齐桓公的鼎力支持，与管仲所采取的“修旧法”的改革策略也密不可分。改革也是要讲策略的，“修旧法”也是一种策略。

九、关于“轻重之数”

原文出处及大意：

司马迁在《史记·管晏列传》中明确指出，管子“其为政也，善因祸而为福，转败而为功。贵轻重，慎权衡”。而“轻重”一词的内涵与外延究竟是什么，司马迁并没有说清楚。在《管子》书中，“轻重”一词虽多有所见，但就其基本内涵而言，《管子·轻重甲》篇中说的一段话，可以看作是一个基本的解释：

> 故申之以号令，抗之以徐疾也，民乎其归我若流水。此轻重之数也。

意思是说，严于发出政策号令，同时缓急合宜地实施步骤，这样天下百姓就会像流水般归附。这就是轻重之数。管子的所谓“轻重之数”，就是利用政策号令调控社会发展的方法，说到底也就是国家强权干预社会管理的行为方式。在《管子》书中，“轻重”一词出现频率很高，尤以经济领域中为多，且有“轻重”一系列文章，专门论述经济问题，因而，世人也多将管子的“轻重之数”作为经济理论看待。

变革要点：

对管子“轻重之数”的认识，首先要明确的是，管子在讨论经济问题时使用的“轻重”概念，在《国语·周语》中也有记载，谓之“权轻重”，指的是春秋时期的单穆公对货币材料的称量，也就是对货币作为一般等价物的价值大小的衡量。管子在经济管理中所应用的“轻重”，实际上是国家强权政治对于宏观经济管理的直接干预方法，由此而凸显出了管子宏观经济管理思想的两个基本特征。一个是国家行政对经济运行的强权干预，比如“关市几而不征”等。在《管子》书中有很多关于发展市场的论述①，一边鼓励自由的市场贸易，一边强化国家政权对市场运行的直接干预。国家政权干预的是那些对国计民生有着重大影响的经济运行元素，其中在很大程度上是能够对君主经济发展带来更大收益的经济运行元素。国家政权鼓励自由贸易的市场元素则是那些零散的生活日用品的市场贸易。管子对经济运行的行政干预“抓大放小”的特征非常明确。另一个特征就是国家直接参与市场贸易，比如《管子·地数》篇中就有把食盐“循河、济之流，南输梁、赵、宋、卫、濮阳”以谋求高额利润的记载。对于铁器的生产与销售，在《管子·轻重乙》篇中则有记载说：“善者不如与民。量其重，计其赢，民得其七，君得其三。有杂之以轻重，守之以高下。”此之谓“与民”，实际上就是“与民分利”，也就是相当于现在的所谓“承包经营”，国家计算总量，与经营者实行“三七分成”，然后将经营所得按照轻重规律“守之以高下”，确定销售时机和价格。由此大致上可以看出，管子的“轻重之数”，是以国家强权行政干预为基础的经济理论，他所张扬并积极追求的目标是君主制国家的致富。因而管子的“轻重

① 王京龙：《〈管子〉书中反映的市场意识》，《管子学刊》1994年第3期，第18~23页。

之数”虽然可以用于个人的商业经营,但根本上来看是相对于国家的垄断经营而言的。

管子的“轻重之数”内容十分丰富,其中有两点非常突出,这就是“来天下之财”和“善用非其所有”。

“来天下之财”与“善用非其所有”的观点出自《管子·轻重甲》篇中管子说的一段话:

> 管子对曰:“轻重无数,物发而应之,闻声而乘之。故为国不能来天下之财,致天下之民,则国不可成。”桓公曰:“何谓来天下之财?”管子对曰:“昔者桀之时,女乐三万人,端噪晨乐闻于三衢,是无不服文绣衣裳者。伊尹以薄之游女工文绣纂组,一纯得粟百钟于桀之国。夫桀之国者,天子之国也,桀无天下忧,饰妇女钟鼓之乐,故伊尹得其粟而夺之流。此之谓来天下之财。”桓公曰:“何谓致天下之民?”管子对曰:“请使州有一掌,里有积五窌。民无以与正籍者予之长假,死而不葬者予之长度。饥者得食,寒者得衣,死者得葬,不资者得振,则天下之归我者若流水,此之谓致天下之民。故圣人善用非其有,使非其人,动言摇辞,万民可得而亲。”

意思是说,轻重之数的运用并没有规定的章法。物资一动,措施就要跟上;听到消息,就要及时调整。所以,建设国家而不能吸引天下的财富,招引天下的人民,则国家不能成立。圣明的君主要善于利用不属于自己所有的财富,善于役使不属于自己统辖的人民,一旦发出号召,就能使万民亲近。“来天下之财”就是吸引天下的财富。“善用非其所有”就是借助自己没有的资源或力量发展自己。就此,《管子·轻重乙》篇中记录有一个非常经典的政策:“请以令为诸侯之商贾立客舍,一乘者有食,三乘者有刍菽,五乘者有伍养。天下之商贾归齐若流水。”这是一个打开国门,以优惠的政策大力吸引国外客商到齐国来做买卖的措施。实现了“天下之商贾归齐若流水”,自然也就实现了“来天下之财”。“善用非其所有”的本质就是“无中生有”,在自己处于劣势的情况下创造条件形成优势。比如《管子·海王》篇所言,国家财政收入不足,如果凭空加征房屋税、树木税、牲畜税、人头税,实际上就是凭空增加了人民的税收负担。征税本来就是夺民之利,进一步加重税负自然会引发“嚣号”。于是管子提出了通过“官山海”而实现隐性增加税收的办法,替代了要公开征收的房屋税、树木税、牲畜税、人头税。这种通过“官山海”而实现隐性增加税收的办法,就是创造出了一个平台或措施,借此而实现了从劣势到优势的转变。《管子·轻重甲》篇中还记载说,制作兵器的皮、干、筋、角等材料的价格暴涨,国家购买承担不起。管仲就下令在道路上修筑高桥深池。这样一来,过去道路平坦的时候,人力很容易完成的事,现在必须要由牛马才能完成,一旦雨雪天气来到,就更需要牛马之力了。时间一长,牛马等牲畜不断被累死,活的牛马等牲畜的价格必然上涨百倍,死的牛马的皮、干、筋、角白送都没有人要。这显然是一个恶作剧之类的阴损招数,但同样也属于通过“无中生有”的方法达到自己目的的措施。

变革的价值与意义:

对于管子“轻重之数”的研究,早在司马迁那里就开始了。司马迁在《管晏列传》中说管子“其为政也,善因祸而为福,转败而为功。贵轻重,慎权衡”,实际上就是对管子“轻重”理论的高度概括。从司马迁的言语当中我们可以看出,管子的“轻重之数”的使用主要是“为政”,结果则是“因祸而为福,转败而为功”。由此而显现出了管子“轻重之数”在社会变革中的理论价值主要有两点,首先是在社会变革中的现实实用价值。趋利避害是人的本性,“因祸而为福,转败而为功”,是人的本能需要。管子对于“轻重之数”的使用,不仅有着现实的利益所得,更重要的是适应了人的这种本能需要。春秋时代是一个急功近利的变革时代,由此凸显出了这一理论突出的现实实用价值及其强大的生命力。其次是以强权政治为依托的理论探索价值。尽管对于这个“轻重之数”的提出与形成年代历来就有春秋说、战国说、西汉说之论,但“轻重之数”对于强权政治的依托是不可否认的。管仲本身就是一个不折不扣的强权政治家[1],“轻重之数”本身所依托的政治环境就是强权政治。正是春秋时期这样一个造就强权政治的时代,推动了“轻重之数”的

---

① 宣兆琦:《强权政治家管仲》,《管子学刊》1989 年第 1 期,第 9 ~ 14 页。

形成，甚或成就了“轻重之数”在齐国治国实践中的成功。由此而凸显出了这一理论在王权衰落诸侯全面兴起的特定社会环境中的理论探索价值以及由强权政治衍生出来的巨大社会影响。其显明的社会价值，从理论上看是齐国变革社会实践的总结，代表着齐国经济社会发展的新高度。从实践上看，在强权政治环境条件下成长起来的“轻重之数”，不仅在诸侯竞强的春秋时代得到了适宜的发展，同时又为后世君主专制的垄断经济发展提供了经典性的范本。其推动齐国发展的现实意义和开创中国经济理论发展的理论意义，都是不言而喻的。

十、关于“人性”问题

原文出处及大意：

《管子·权修》篇中有这样一段话：

> 人情不二，故民情可得而御也。审其所好恶，则其长短可知也；观其交游，则其贤不肖可察也。二者不失，则民能可得而官也。

所谓“人情不二”，指的就是人所共有的本性。这段话的大意是说，人有着共有的本性，这个共有的本性是可以利用的。因而，观察某一个人的好恶与交往的朋友，就可以知道他人性的本来面貌。

究竟人性的本来面貌是什么样的呢？管子认为是自私。《管子·禁藏》篇中是这样分析的：

> 夫凡人之情，见利莫能勿就，见害莫能勿避。其商人通贾，倍道兼行，夜以续日，千里而不远者，利在前也。渔人之入海，海深万仞，就波逆流，乘危百里，宿夜不出者，利在水也。故利之所在，虽千仞之山，无所不上，深渊之下，无所不入焉。

从趋利避害的本能延伸开来，人的自私本性也是不可改变的。因为人具有这种趋利避害的自私自利本性，对人的管理如果能够做到“圉之以害，牵之以利”,用利益进行引导,人的管理就好办了。

变革要点:

对于“人性”的认识,是中国古代思想文化发展中的一个非常重要的问题。在历史的长河中,最早认识到这一问题的是孔子,影响最大的是孟子和荀子。

孔子在《论语·阳货》篇中提出了自己的观点:“性相近也,习相远也。”明确指出,人的性情原本是相近、差不多,或是大致一致的,因为生活环境的习染不同,便逐渐相距悬远了。孔子只是认识到了人性问题的存在,以及人性与人的社会生活环境的关系,也就是社会生活环境对人性有着决定性的影响,不同社会生活环境的影响,使得不同的人之间的人性会产生巨大的差距。至于“人性”的本质究竟是什么样的,孔子并没有形成自己的观点。

孔子之后的孟子,在孔子的这一认识基础上提出了“人性本善”的观点。《孟子·告子》篇中认为:“人性之善也,犹水之就下也。人无有不善,水无有不下。今夫水,搏而跃之,可使过颡;激而行之,可使在山。是岂水之性哉?其势则然也。人之可使为不善,其性亦犹是也。”人的本性就像水一样,是可以随意塑造的,因而人性本善,后天的影响可以使之变恶,自然也可以使之变得更善。这个使之发生变化的动力,便是人本身所处的社会生活环境。相较而言,孟子的进步是对人性的本来进行了二元区分,也就是善恶二分,并在此基础上定位于“人性本善”。这在孔子对人性问题的认识上无疑是一个巨大的进步。他与孔子的共同点是,人性有着天然的共性,且这个共性在不同的社会生活环境的影响下会发生巨大的变化,不是变善,就是变恶。

荀子对人性问题提出了与孟子截然相反的观点,这就是“人性本恶”。在《荀子》一书中有《性恶》一篇专门讨论了人性问题。在这篇文章中,开篇就明确提出:“人之性恶,其善者伪也。”认为人之本性是恶的,善的一面是人为的。说人性本恶的根据,就是自私、好利,“今人之性,生而有好利焉,顺是,故争夺生而辞让亡焉”。人的善则是经过对恶的改造而来的,这就是“化性而起伪”:“故圣人化性而起伪,伪起而生礼义,礼义生而制法度。”人性的善是通过礼仪制度的规范而来的。荀子这一观点,与孟子性善说虽然是相对立的,但理论基础是一样的,并且对人性发展变化的认识也是相同的。

正是在这样的文化环境当中，管子提出了“人情不二”的观点，“不二”就是“一样”，这是与孔子的“性相近”相同的。管子并没有从“人性”的本来角度去探讨人性问题，而是从人的欲望角度去认识人性，因而得出了“见利莫能勿就，见害莫能勿避”的人性特征。趋利避害是人作为动物的本能，管子在这里显然是把对人性问题的认识与人的本能连在了一起，从而得出了对于人性的利用要“围之以害，牵之以利”，用利害控制人的本性。

变革的价值与意义：

显然，管子对于人性的认识，从时空坐标上看，或在孔子之前，或在孔子与荀子之间，由管仲学派的稷下先生提出；从认识视角上看，既与孟子、荀子不同，又比孔子进步。管子的这一观点，与孔子、孟子、荀子的观点最大的不同是直接来源于齐国管理的社会实践。“从某种意义上说，它填补了我国传统人性论思想的空白，为我们研究人性论提供了一个新的视角，对我国现今的道德建设有着重要的意义。”①因而是更具有人类社会普遍意义的人性认识，在社会实践当中有着更强的实践应用价值。管子对于人性认识的变革价值与意义也正是在这里凸显出来的。

① 陈世放：《〈管子〉人性论思想初探》，《社会科学辑刊》1997 年第 4 期，第 9 ~ 14 页。

第六章　孔子对管子评价的再认识

孔子对管子有着深刻的认识，对此，两千多年来多有阐释。但总体来看，古代先贤的阐释由于立场不同，认识视角各异，因而多见有失公允之说。这是一个客观的事实，此不赘述。就近现代对孔子关于管子评价的认识而言，因时代环境不同、所持立场不同、认识视角不同，也可谓仁者见仁，智者见智。今不避浅陋，谨提出如下再认识。

一、孔子认识管子的基本原因

孔子对管子的认识，通过《论语》的记载而集中表述了出来，这就是《八佾》和《宪问》篇中的四段文献。为了叙述和阅读的方便，抄录于下：

《论语·八佾》一条：

子曰："管仲之器小哉！"或曰："管仲俭乎？"曰："管氏有三归，官事不摄，焉得俭？""然则管仲知礼乎？"曰："邦君树塞门，管氏亦树塞门；邦君为两君之好，有反坫，管氏亦有反坫。管氏而知礼，孰不知礼？"

《论语·宪问》三条：

子路曰："桓公杀公子纠，召忽死之，管仲不死。"曰："未仁乎？"子曰："桓公九合诸侯，不以兵车，管仲之力也。如其仁，如其仁！"

或问子产。子曰："惠人也。"问子西。曰："彼哉！彼哉！"问管仲。曰："人也。夺伯氏骈邑三百，饭疏食，没齿无怨言。"

子贡曰："管仲非仁者与？桓公杀公子纠，不能死，又相之。"子曰："管仲相桓公，霸诸侯，一匡天下，民到于今受其赐。微管仲，吾其被发左衽矣。岂若匹夫匹妇之为谅也，自经于沟渎而莫之知也？"

管子生于公元前716年，孔子死于公元前479年，两人出生时间相差237年。孔子对管子的认识，既有考察剖析历史人物的因素，也有齐、鲁两种文化体系比照与包容的因素。孔子认识、评价管子本身并无可厚非，关键是后来战国时期孟轲提出了一个很有影响的话题，即"仲尼之徒无道桓文之事者"(《孟子·梁惠王上》)。言外之意是说，孔子的弟子们是不讨论齐桓公、晋文公所成就的霸业的。那为什么孔子自己却对齐桓晋文的霸业给予认识与评价？这其中的主要原因，大致可以归结为三个方面：

一是孔子追慕先贤的思想倾向的要求。孔子整个的思想体系，有着明显的追述仰慕先贤的倾向。在《论语·雍也》篇中，他曾公开指出：

何事于仁！必也圣乎！尧舜其犹病诸！

意思是说，对于"仁"，尧舜也是很难完全做到的。孔子儒学思想的思维定式就是以既往先贤为榜样。管子辅佐齐桓公霸诸侯而一匡天下，功业恢宏，以至于"民到于今受其赐"，追慕和认识历史先贤，管子是无论如何绕不过去的。

二是对齐鲁文化互补性认识的需求。齐国和鲁国都是西周建立以来最早分封的诸侯国，齐国自姜太公时期就有着"因其俗，简其礼"的传统，所以才有了桓管称霸时期"不慕古，不留今，与时进，与俗化"的变革精神，创造了首霸春秋的宏伟功业。鲁国自鲁周公时期则形成了"变其俗，革其礼"的传统。孔子要总结齐国和鲁国发展实践的历史经验，齐国桓管称霸自然也是一个必不可少的重要时期，管子当然也是绕不开的重要人选。他在管子这里看到的是齐鲁文化互补的必然发展趋势。

三是自身思想体系完善的需要。孟子说"仲尼之徒无道桓文之事者"，是在通过否定齐桓、晋文的"霸道"而张扬自己主张的"王道"，这在《孟子·

梁惠王上》中表现得很清楚：

> 齐宣王问曰："齐桓、晋文之事，可得闻乎？"孟子对曰："仲尼之徒无道桓文之事者，是以后世无传焉，臣未之闻也。无以，则王乎？"曰："德何如，则可以王矣？"曰："保民而王，莫之能御也。"

齐宣王希望与孟子讨论齐桓公、晋文公的事情，齐桓公、晋文公都是春秋时期著名的诸侯霸主，孟子崇尚"王道"，因而对齐桓晋文的"霸道"不感兴趣。实际上，齐桓公推行的"霸道"，也就是管仲推行的"霸道"，孟子说"仲尼之徒无道桓文之事"，也就等于说"仲尼之徒无道管仲晋文之事"，换言之，不认可齐桓公的"霸道"，也就是不认可管仲的"霸道"。但同孔子对管仲的评价一样，孟子对齐桓公推行霸道过程中的"仁爱"等思想是充分肯定的，所谓"保民而王，莫之能御也"。与管子的"政之所行，在顺民心"以及"知予之为取者，政之宝也"其基本精神是一致的。由此看来，孔子之所以对管子给予充分的认识评价，应当是一种思想体系完善的客观需要，而孟子抛却了管子"霸道"的外壳，吸收了其"仁道"的内核。

二、孔子认识管子的基本出发点

孔子对管子的基本认识，凸显出来的是其对"尚功"与"尚德"所持有的不同立场。

"尚功"与"尚德"在社会管理学当中是两个极具社会使用价值的概念，在古今中外的思想文化发展过程中都有着不同程度的烙印。"尚德"是孔子认识人物的基本出发点，或者说是一个带有根本性的认识标准。孔子对管子的认识与评价，正是从"尚德"的立场上开始的。

"尚功"与"尚德"在中国社会中有着悠久的发展历史，在齐鲁文化中有着鲜明的不同反映，在管子与孔子的思想内涵中尤其突出。孔子在《论语·雍也》篇中直言："齐一变，至于鲁；鲁一变，至于道。"在很大程度上就是针对"尚功"与"尚德"这样两个鲜明的文化特征而言的。所谓齐国一改变，就可以变成鲁国的样子，鲁国一改变，就可以符合"道"了，就是说齐国过于重视

"尚功",鲁国过于重视"尚德",如果把"尚功"与"尚德"融合在一起,就是孔子所追求的"道"。这个"道",也就是孔子所认定的治国安邦的正确方法和道路。孔子的这句话,显然含有对齐国"尚功"和鲁国"尚德"不同发展理念的批评与指责之意。

孔子之所以提出这样一个问题,原因是在孔子的认识视野当中,当时的齐国和鲁国的发展,都没有进入"道"的轨道当中,或者说,不管是"尚功"还是"尚德",都存在着非常严重的问题,都是不正常的,因而都需要进一步的"变"。在客观上来看,齐国在"尚功"的文化理念主导下,持续不断地进行了一系列雷厉风行的变革,极大促进了社会生产力的发展,在桓管时期成了当时最富强的诸侯国,由此而凸显出了显明的"尚功"特征。齐国的发展实践证明,"尚功"的发展理念确实有着显著的社会效能。但在孔子看来,齐国的伦理道德建设并不及鲁国。相对于齐国而言,鲁国在"尚德"的文化理念主导下,经济的发展相对缓慢,凸显出了显明的"尚德"特征。孔子身处鲁国,自然会深切体会到"尚德"而不"尚功"的感受。追求"尚德"与"尚功"的共同进步,显然是孔子的一种美好理想,而这种理想恰恰是在对齐国和鲁国历史发展经验的总结和认识当中形成的。孔子对管子的认识,正是基于"尚功"与"尚德"理念的不同发展实践而形成的。孔子这样的一个基本立足点,在进一步反映出了齐文化与鲁文化这两个不同文化体系突出特征的同时,更是让人们清晰地认识到了齐文化与鲁文化在文化主体上的相对独立性和齐文化与鲁文化在文化特征上的巨大差异以及二者潜在的融合发展趋势。

进一步来看,齐文化与鲁文化在文化主体上的相对独立性,在管子与孔子这里都有着突出的反映,所以孔子对管子的认识与评价才能够言之中的,切中要害。管子所代表的齐文化圈与孔子所代表的鲁文化圈,从地缘上看同属于高一层次的东夷文化圈,而东夷文化圈在中华文明的起源过程中又与炎黄文明、苗蛮文明同处于中华文明源头的层面上。横向上说,管子所代表的齐文化圈与孔子所代表的鲁文化圈的形成,是缘于齐国和鲁国两个诸侯国的产生、存在与发展,二者在文化发展的主体上是相对独立的。但二者又结合在了一起,其共性也十分明显。齐国从"尊贤上功"开始,鲁国从"亲亲上恩"开始。战国末期的《吕氏春秋·长见》篇中总结说:"吕太公望封于齐,周公旦封于鲁,二君者甚相善也。相谓曰:'何以治国?'太公望曰:'尊贤上功。'周公旦曰:'亲亲上恩。'太公望曰:'鲁自此削矣。'周公旦曰:'鲁虽削,有齐者亦必非吕氏也。'其后齐日以大,至于霸,二十四世而田成子有齐国。鲁日以削,至于觐存,三十四世而亡。"齐、鲁两国"尚功"与"尚德"不同特征的文化发展结果,由此可知大概。孔子如果没有对齐鲁文化的发展实践有着这样一个清醒深入的认识,是不可能对管子提出如此中肯的认识评价的。

孔子从"尚德"的立场出发而对管子的"尚功"给予了充分肯定,这是孔子认识评价管子的基本思想方法。从孔子对管子其人"人也"以及其事功"民到于今受其赐"的认识评价来看,孔子对管子的治国手段以及"尚功"在齐国创造的非凡事功是充分肯定的,由此透视孔子站在"尚德"的立场以"尚德"的文化视角对管子"尚功"给予充分肯定的认知,主要表现在两个方面。

首先是对管子"尚功"理念的肯定,孔子肯定了管子所创造出来的非凡事功。管子的"尚功",最为集中地反映在两个方面,一是形成了一些以"尚功"为突出特征的文化理念。比如《管子·牧民》篇中的"仓廪实则知礼节,衣食足则知荣辱"。这句话把"仓廪实"与"衣食足"看作基础条件,没有这一基础条件的满足,"荣辱"与"礼节"显然是提不上议程的。因此,管子的"尚功"是包含着明确目的的,这就是国家的发展。不提高社会的经济发展水平,经济发展不上去,"荣辱"与"礼节"便是空谈。二是有着公认的成功实践。比如实行了成功的农业改革。管子的农业改革有两个要点,一个是提高农民的社会地位,实行了《国语·齐语》中所说的"士农工商四民者,国之石民"的政策。在强调周天子之下的诸侯—卿—大夫—士四级连贯的宗法贵族等级体系的同时,把士、农、工、商一并看作国家管理的基本柱石,大大提升了农、工、商产业及其从业者的社会地位。这是一个非常了不起的创举,在社会政治地位上对包括"农"在内的社会产业阶层的从业者而言是一个极大的提高。再一个就是提高农民的经济收入,改革收入分配制度,实行了"均地分力"和"相地而衰征"的政策。通过"均地分力",把土地按照土地质量与数量相当的原则分配给耕作者,再按照多劳多得的原则与耕作者分配劳动所得，如此一来，“民乃知时日之蚤晏（早晚），日月之不足，饥寒之至于身也”（《管子·乘马》）。同时配之以“相地而衰征”，也就是把以往固定税赋的政策，改变为根据土地的质量和数量确定征收税赋的数量，将农民所掌握的生产资料与劳动所得结合起来。这样，在政治上提高社会地位，在经济上提高利益所得，由此而极大地调动了劳动者的积极性，对社会生产力的发展产生了巨大的现实推动力，促进了农业生产的发展。

孔子肯定管子的“尚功”，还在于管子在突出“尚功”的同时把人文教化放在了一个非常重要的位置，这就是把以“四维”为主导的社会管理理念作为“尚功”的根本性的辅助工具。《管子·牧民》篇说：“国有四维，一维绝则倾，二维绝则危，三维绝则覆，四维绝则灭。倾可正也，危可安也，覆可起也，灭不可复错也。何谓四维？一曰礼，二曰义，三曰廉，四曰耻。”认为礼、义、廉、耻是治理国家的基本纲纪准则，“四维”，动摇了可以扶正，危险了可以拯救，颠覆了还可以恢复起来，灭亡了就再也没有什么举措可以拯救了。以此为主导，管子又把社会教育提升到了事关国家管理大局的高度，提出：“一年之计，莫如树谷；十年之计，莫如树木；终身之计，莫如树人。一树一获者，谷也；一树十获者，木也；一树百获者，人也。”（《管子·权修》）要让一个国家的人都能够懂得礼义廉耻，就必须要做好教育对人的社会行为的教化工作。管子对于社会道德问题的关注，恰恰与孔子的“尚德”理念相贯通。孔子在肯定管子“尚功”的同时，在这里找到了思想观念的共鸣。

其次，孔子充分肯定管子的“尚功”，还有一个非常重要的因素，这就是，管子在短短四十余年的时间里，使齐国成了诸侯霸主，甚至于使其担当了保卫华夏文明的组织者和指挥者的角色。齐国自姜太公因俗简礼以来得到了较好的发展，甚至于在齐桓公小白的父辈和祖辈时期就走上了区域性的霸主地位，《国语·郑语》中有“齐庄、僖于是乎小伯”的记载。齐僖公是齐庄公的儿子，齐桓公是齐僖公的儿子，可见，管子能够辅佐齐桓公成就“九合诸侯一匡天下”的霸业，是有着一定基础的。正是在这样一个基础之上，管子辅佐齐桓公创造出了“民到于今受其赐”的卓越事功。所谓“民到于今受其赐”之“赐”，不仅仅包含有物质层面的内容，也包括精神层面的内容，孔子所倡导的华夏一统的民族共同体意识也包含其中。孔子在《论语·季氏》篇中说："天下有道，则礼乐征伐自天子出；天下无道，则礼乐征伐自诸侯出。"这里已经出现了明显的民族共同体意识，这为后世中华民族核心凝聚力的形成与发展提供了坚实的理论基础。孔子站在这样的高度对管子"尚功"进行认识与评价，看到的正是管子对捍卫华夏文明的贡献。

管子所强调的"尚功"，是站在国家管理的角度提出来的，强调以富国强兵为目标，在保障人们的基本生活的前提下，规范和教化人们的精神道德。管子的"尚功"并不是以满足个人私欲为目的的，而是以国家和民众的利益需要为目的的，这既是他"尚功"的基本出发点，也是他之所以能够重视社会道德管理的政治洞察。这与孔子以"天下为公"为突出特征的大同美好社会理想①是十分吻合的。这是孔子充分肯定管子"尚功"的首要因素。管子虽然是把"尚功"放在第一位的，但在强调"尚功"的基础上又重视"尚德"，实际上是在国家宏观管理层面上以"尚功"为重心的综合管理，而绝不是以"尚功"代替"尚德"，不然，便无法理解他的"礼义廉耻，国之四维"之说。孔子之所以敬佩管子的"尚功"，从根本上来看，是管子富国强兵、提高人们生活水平的目标与孔子所追求的大同社会理想相一致的结果。

三、孔子对管子之"仁"的肯定与"礼"的否定

毋庸置疑，孔子对管子之"仁"在总体上是充分肯定的。孔子整个思想体系的核心便是"仁"。关于"仁"的起源与本义，历来多见阐述。② 仁在中国历史上有着十分广泛的运用。从源头上看，按照郭沫若的解释，"'仁'字是春秋时代的新名词，我们在春秋以前的真正古书里面找不出这个字，在金文和甲骨文里也找不出这个字"③。任继愈说，"仁"这个词，在孔子以前已广泛应用，但作为哲学范畴的提出，是从孔子开始的。④ 孔子是最早把"仁"字引入到哲学领域的思想家，《论语》书中的"仁"字约出现109次，一言以蔽之，"仁"的本质就是"爱人"。"仁"字由"爱人"延展开来，所有爱心的展现

---

① 赵士孝：《孔子的社会理想》，《孔子研究》2010年第4期，第49～57页。

② 余治平：《"仁"字之起源与初义》，《河北学刊》2010年第1期，第44～47页。

③ 郭沫若：《十批判书·孔墨的批判》，人民出版社1954年版，第75页。

④ 任继愈：《中国哲学史》(一)，人民出版社1996年版，第72页。

或行为的表示，都是“仁”。从这里出发，孔子对管子“仁”的认识的判定标准也就很明确了，这就是是否“爱人”，也就是他的所作所为是以“爱己”为目的，还是以“爱人”为目的。

孔子针对子路对“桓公杀公子纠，召忽死之，管仲不死”这一历史事实的狐疑，直接肯定说：“桓公九合诸侯，不以兵车，管仲之力也。如其仁，如其仁！”孔子对子路的这一解答告诉我们，“爱人”的方式有若干种，召忽为公子纠殉难，是召忽个人的一种“爱”，爱的是公子纠一个人，是一种君臣之间的“私爱”。管子舍弃了为公子纠殉难的“私爱”而辅佐齐桓公霸天下，追求的是对天下的一种“大爱”。抛却自我的“私爱”而追求爱及天下的“大爱”，这正是孔子所极力推崇的“仁”之本质之所在。《论语·雍也》篇中有这样的记载：“子贡曰：‘如有博施于民而能济众，何如？可谓仁乎？’子曰：‘何事于仁！必也圣乎！尧舜其犹病诸！夫仁者，己欲立而立人，己欲达而达人。能近取譬，可谓仁之方也已。’”意思是说，一个人能够广泛地给人以好处，又能帮助大家生活得更好，那不仅仅是“仁”，而且一定是圣德了。一个人的行为能够为大多数人谋取利益，那不仅仅是最高层次的“仁”，而且可以称之为“圣”了，这样的“圣德”，尧舜也是很难完全做到的。孔子用“爱人”的范围与程度去衡量管子，解释子路对管子是否“仁”的狐疑，清晰地辩白了寓于社会个体之间的“私爱”之“仁”，与“管仲相桓公，霸诸侯，一匡天下，民到于今受其赐”的“大爱”之“仁”的根本不同。

正因为孔子在管子的“大爱”上找到了二人思想观念的一致性，所以才把管子这个人看得很高。孔子说管子“夺伯氏骈邑三百”，而能使“伯氏”“饭疏食，没齿无怨言”，这不是一般人能够做到的。说管子是“人也”，这个“人”是“人才”“能人”“有本事”的意思，是一般意义的“人”之上的“人”。“伯氏”是一位齐国大夫。“骈邑”是地名，齐国伯氏大夫的封邑，在今山东省临朐县境内。伯氏作为一个有封邑的大夫，显然也是属于金玉美食之家。管仲一举剥夺了伯氏的骈邑三百户，使得伯氏只能吃粗茶淡饭，却没有表现出一点怨恨。可见管子确实是一个了不起的人。至于管子为什么夺伯氏骈邑三百，文献中没有留下记载，但有一点是可以肯定的，这就是这个伯氏触犯了管子的法令法规。管子夺伯氏大夫骈邑三百是有理有据的，伯氏面对管子的处罚心服口服。也就是说,管子即便是剥夺了别人的财产,也能够以“爱人”的心态让人心甘情愿。这样的事当然不是一般“人”能够做得到的,但管子做到了。另外,管子还辅佐齐桓公“九合诸侯,一匡天下”。会盟诸侯主要有两种形式,一是“兵车之会”,也就是带军队参加的军事会盟,一是“衣裳之会”,又称“乘车之会”,也就是以礼交好的外交会盟。齐桓公虽多次会盟诸侯,但并不以军事行动为主,而主要是以和平谈判为主。齐国依靠和平外交而实现了匡正天下的目的,这是管子的功劳。管子为什么首选“衣裳之会”呢?目的就是为了尽可能避免战争带来的伤害,以民心所向作为自己的行政准则。《管子·牧民》篇中说:“政之所兴,在顺民心;政之所废,在逆民心。……故知予之为取者,政之宝也。”在弱肉强食的国与国竞争中尽最大努力避免军事手段,这本身也是一种“爱人”的具体体现。

总而言之,孔子站在“爱人”的立场上认识管子,看到的是管子对于造福于更广大人民的“大爱”,而不是寓于某些个人利益中的“小爱”“私爱”。管子更多是以具体的社会行为展现其“爱人”理念的,孔子更多是以思想认识展现其“爱人”理念的,孔子一生并没有做出管子这样的事功,却有着“天下为公”的大同理想。管子的“仁”是以卓越的非凡事功为证明的,这又正是孔子可望而不可即的,这大约就是孔子敬佩管子之“仁”的根本原因。

“仁”与“礼”是孔子思想体系中非常重要的两个概念范畴,孔子充分肯定了管子的“仁”,对管子的“礼”却是不太赞同。

“礼”的本义是举行某种仪式的时候奉献自己的丰收成果,用以祈神求福免灾。后来逐渐演化成了社会管理的典章制度和道德规范,成了人们的社会行为规范。礼的起源很早,在孔子以前就已经有了夏礼、殷礼和周礼。周公制礼作乐以后形成的周礼已比较完善,并且有了制度、规范的内涵与外延。作为典章制度的“礼”,是社会政治制度的体现,是维护上层建筑以及与之相适应的人与人交往的行为规范。作为道德规范的“礼”,是国家管理中对于人的社会行为的标准和规范。因而,中国古代早期社会中的“礼”,在整体上是从社会上层的统治阶层逐渐向下层渗入的,有着很明显的行为规范和引领特征。后来的发展过程中,“礼”的内涵与外延一部分逐渐地分离出来,与“法”融在了一起,一部分则与社会生活中的“德”融在了一起,一部分难以明确确定归属的，便延续了本来的发展路子，以仪式的形式在社会生活当中延续下来。所以，虽然后来的“礼”仍称为“礼”，但这个“礼”的内涵与外延显然早已今非昔比了。管子与孔子都对“礼”情有独钟，但从孔子对管子之“礼”的认识中可以看到，管子之礼与孔子之礼在概念的内涵与外延上不仅不完全一致，而且在很多地方展现出了很大的差别。

孔子以“管仲之器小”为由而认为管子不懂“礼”，其认定的根据是管子不“俭”，不“俭”就是不“知礼”。孔子认定的管仲的不“俭”，最典型的有两项，一是“有三归”，二是“官事不摄”。对于“三归”的解释历来众说纷纭，较具代表性的说法，一是娶三姓女为夫人。古时天子、诸侯皆有三宫（三正妻），卿、大夫、士一宫。管子身为齐国大夫而娶了三位正妻，据此而言，管子则不仅仅有不俭的问题，而且还有一个僭越制度的问题。二是高台名，说管子家建有“三归”之台。三是有三处之家居，说管仲的家居建有三处。四是指管仲家中三处藏钱的府库。五是认为“三归”是一个地名，为管仲的采邑。六是说“三归”是齐桓公用齐国农工商市租对管仲的赏赐。最近的解释当属“三归为封邑说”，“以管仲的封邑看，约相当于汉代的‘万户侯’”①。所谓“官事不摄”，“摄”是“兼”的意思，“官事不摄”就是行政人员不兼职。意思是说，管仲身为齐国国相，尽享国君赏赐的优越待遇，家中的管理人员都人人专守一职。管子的日常生活气派非凡，没有雄厚的经济实力，根本无法支撑。由此而言，对于“管仲之器小哉”一语，说管仲这个人的器量很小的观点是有一定道理的。器，指的是器量、度量、气度的意思。不俭就是不懂礼，不懂礼就器量小、心胸狭窄。这种解释，虽然与后世的一系列认识②并不十分吻合，但从现实生活的视角分析，管子从一个囚徒平步青云做到国相，家有“三归”且“官事不摄”，气派非凡，大有时下之谓“土豪”气息，称之为“器小”似乎并不为过。

说管仲不“知礼”，列举的根据主要有两条，一是“邦君树塞门，管氏亦树

---

① 杨逢彬、李瑞：《〈论语〉“三归”考》，《上海大学学报（社会科学版）》2016 年第 2 期，第 138 ~ 140 页。

② 干春松：《儒家王道政治秩序的构建及其遇到的困境——以“管仲之器小哉”的诠释为例》，《哲学研究》2011 年第 4 期，第 43 ~ 49 页。

塞门”,一是“邦君为两君之好,有反坫,管氏亦有反坫”。“树塞门”就是建有塞门。“塞门”是用以间隔庭院中内外视线的一种东西,形式和作用可以同今天的照壁相比。按照周礼的规定,从天子到诸侯、卿、大夫、士都可以在庭院内建有塞门,但级别不同,塞门建立的形式、规制也不同。“邦君树塞门,管氏亦树塞门”是说管仲建立的塞门与齐国国君建立的塞门一样,这是违反周礼规定的。“坫”,原为土筑的平台。西周乃至春秋时期,诸侯宴会的厅堂前面,两边会建有两根明柱,明柱中间建有一个土台,这个土台就是“坫”。诸侯在见面仪式上互相敬酒后把空酒杯放在坫上。“邦君为两君之好,有反坫,管氏亦有反坫”是说厅堂前建有反坫本是诸侯国君主才能够享有的礼遇,管仲作为齐国的国相,厅堂前面也建有反坫,也就是居然和国君享有了一样的待遇,这也是非常不合周礼规定的。管仲既“树塞门”,又有“反坫”,这些行为都是严重僭越周礼规制的,怎么能说他“知礼”呢?

孔子为什么会抓住管子的“俭”与“礼”大做文章,认定管子既不“俭”,也不“知礼”呢?这是因为“俭”与“礼”在孔子那里都是十分重要的概念。

“俭”的本义是指生活上自我约束,从不放纵。引申出来就是节省、节约的意思。当着众人的面节约财物,背着众人却铺张浪费,这就不叫“俭”。所谓“俭”,一定是人前人后都能做到节约的人。孔子在对管子的认识上,把“俭”的问题单独拿出来,与“礼”的问题并列,显然这是因为“俭”与“礼”的问题,在孔子乃至以后的孔门之学的发展中,都是极其重要的。孔子坚定地认为管子“不俭”,是因为孔子本身对于“俭”形成了一个成熟的标准,这在《论语》当中有着明确的反映。

“俭”是“温、良、恭、俭、让”五种美德之一。《论语·学而》篇记载说:“子禽问于子贡曰:‘夫子至于是邦也,必闻其政,求之与?抑与之与?’子贡曰:‘夫子温、良、恭、俭、让以得之。夫子之求之也,其诸异乎人之求之与?’”意思是说,孔子一到某个国家,必然就会听到那个国家的政事。这既不是他求来的,也不是别人主动告诉他的,而是靠他温和、善良、严肃、节俭、谦逊的美德换来的。他老人家会获得这些,靠的是美德的感召与吸引,这是和别人获得的方法截然不同的。“俭”在孔子那里是自身修养而成的、与“温、良、恭、让”并列的美德之一。

“俭”在“礼”的使用中有其独立的原则性，既不完全服从于“礼”的需要，也不完全服从于“俭”本身的要求，而是以实际需要为基本原则。《论语·八佾》说：“林放问礼之本。子曰：‘大哉问！礼，与其奢也，宁俭；丧，与其易也，宁戚。’”孔子解释“礼”的本质说，就一般的礼仪而言，与其铺张浪费，宁可朴素俭约；就丧礼说，与其礼仪周到，不如尽情表达悲哀之情。《礼记·檀弓上》中子路转述孔子的话说：“丧礼，与其哀不足而礼有余也，不若礼不足而哀有余也。”可以看作“丧，与其易也，宁戚”一句的一种注解。“易”有把事情办妥的意思。“俭”的使用原则，就是既要按“礼”办事，也要厉行节约。

“俭”还应当是人的社会行为的一种基本原则。《论语·述而》篇中说：“子曰：‘奢则不孙，俭则固。与其不孙也，宁固。’”“孙”同“逊”；“固”，简陋、寒碜之意。孔子认为，人的行为表现，奢侈豪华就容易显得骄傲自大，俭约朴素就会显得孤陋寒碜。与其骄傲自大，宁可简陋寒碜。人的社会行为表现都是一些外在的东西，骄傲自大本身是内心世界的一种自我膨胀，这与孔子一贯主张的言行一致是不相符的，所以他认为应当“俭”，“俭”是人的社会行为的一种基本准则。

管子不仅“有三归”“官事不摄”，而且还“树塞门”“有反坫”，足见其行为有“不俭”之表现，甚或大有僭越之嫌。在孔子看来，这不仅仅是个人修养的问题，还是“不知礼”的社会行为。我们从文献中对于管子本人生活细节的有限记载来看，管子有地位，有权力，有成绩，有条件，所以，在生活上不拘小节，在事业上大刀阔斧，不会拘于细节性的成败得失。因而，孔子所说的“俭”“礼”之类的工作条件、生活待遇等问题，在孔子看来可能是越轨超矩，在管子那里可能就是不足挂齿的。事实上，管子与孔子都非常重视“礼”，二者对于“礼”的认识虽有共同之处，但由于两人所处的社会地位、生活环境、个人秉性有着明显的差别，这些差别，使得孔子对管子之“礼”产生了非议。孔子站在自身固有的思想家立场上认识管子，认为管子“不俭”“不知礼”并不为过，这是孔子认识的自身局限所决定的。

总而言之，孔子对管子的认识，多是从生活方式角度入手的，涉及的都是一些具体的生活细节问题。由于孔子本身的生活经历和所持立场与管子的生活经历和所持立场有着明显的不同，管子是从政治家管理社会的角度对待“仁”“礼”“俭”这些生活问题的，孔子则是从思想家提升人的修养水准的角度对待“仁”“礼”“俭”这些生活问题的。这样带来的结果是，在管子那里可以不屑一顾的事情，在孔子这里可能就是一件大事；在管子那里需要高度重视的事情，在孔子这里可能是可望而不可即的。再者，管子的作为是以霸诸侯匡天下为目标的开拓性创新，孔子的作为是以克己复礼为目标的理论总结与升华，其作为方式和所追求的成果形式都不一样，因而管子所追求的一切都强调务实高效，孔子所追求的一切都需要春风化雨式的渐进发展。这是我们认识孔子对管子生活问题的非议所需要注意到的前提条件。管子不拘泥于礼之细节，孔子则大事小事合于礼之所需，还要时刻想着“事君尽礼，人以为谄也”。时时事事谨小慎微而事之以礼，这在管子那里是不可能做到的。

四、孔子对管子霸诸侯匡天下的褒扬

在孔子对管子的所有认识评价当中，最为赞赏的当属管子辅佐齐桓公霸诸侯匡天下这一壮举。

管子力图通过发展让齐国实现“仓廪实”“衣食足”，进而实现霸诸侯匡天下的理想目标，孔子力图通过“克己复礼”而实现人类的大同社会，二者之间虽然不同之处显而易见，但其共性也是十分突出的，这就是以天下为己任的强烈担当意识。管子与孔子在这种强烈的社会担当意识方面有思想观念的共同点，孔子正是站在这样一个立场上对管子霸诸侯匡天下的功业给予高度褒扬的。

西周末期，周幽王任用贪财好礼的虢石父执掌朝政，引发了朝中官员的怨恨。他又改立宠妃褒姒为王后，立褒姒所生之子为太子，导致了犬戎势力的大举入侵，最后迫使周平王不得不率领周王室东迁洛邑，开启了春秋诸侯争霸时代的序幕。与此同时，周平王东迁洛邑，实际上等同于放弃了对于华夏文明西方边陲的防守。这样一来，一方面是周王室治下的综合国力急剧下降，天子的权威大大降低，诸侯国内的篡权政变和各国之间的兼并战争开始此起彼伏，“普天之下，莫非王土”的社会局面逐渐变成形同虚设的空壳。

另一方面是以西戎为代表的中原边境的族群趁机入侵，华夏文明出现了空前的危机。

对于周王室一统天下所面临的这些内忧与外患，最为着急的主要是两部分人，一部分是周天子为代表的王室成员。这时候的周天子早已力不从心，束手无策。这些王室成员们，不管是能够积极作为的，还是纨绔子弟，乃至于兴风作浪意欲作乱者，都无法力挽大厦于将倾。另一部分是周王室的股肱大臣。周王室的股肱大臣主要又可分为两部分，一部分是西周以来以血缘关系为基础而以拱卫王室为重点的大臣，如鲁周公旦。他本是周文王的第四个儿子，周武王姬发的弟弟，分封于鲁，工作重心却是在周王朝廷之上。又如燕召公姬奭，一般认为他是周文王的庶子。他辅佐周武王灭商后，受封于蓟，建立了臣属西周的诸侯国燕国。他派长子姬克管理燕国，自己仍留在镐京任职，辅佐朝廷。鲁周公、燕召公之类的股肱大臣及其子孙，都是周王室的同姓，且与周天子有着极为亲近的血缘关系。另一部分就是西周以来以杰出贡献为基础而以拱卫王室为重点的大臣，这一部分最具代表性的是齐太公姜子牙。姜子牙因辅佐周王室兴周灭商贡献最大，先是被尊为“师尚父”，后又被尊为齐太公。他在确定了治理齐国的一系列大政方针后也回到周天子身边辅佐朝廷去了，齐国的管理工作则交给了他的儿子丁公伋。虽然姜子牙不是周天子的同姓，但他得以辅佐周室并分封于齐显然也并不是偶然的。周平王东迁以后，这些股肱大臣的后世子孙们承袭着祖上传下来的荣耀，当然应当尽心竭力地维护周天子的一统天下。但这时候，王室末大不掉，原来的股肱大臣子孙们头上的绚丽光环，随着时间的推移，血缘关系的日趋疏远，早已失去了往日的灿烂。从周灭殷商到周平王东迁洛邑，中间已经有了接近 280 年的漫长时间，其中的人事更替，使得宗族间的血缘关系早已渐渐疏远，故旧间的祖辈交情更是早已成了历史的谈资。世袭的王室股肱大臣及其所在的诸侯国内，虽然都不情愿周王室垮掉，因为王室的垮台必将极大地损伤他们的切身利益，但面对一浪高过一浪的内忧与外患，这些人多半也只能是心急如焚而束手无策。管子看到了这样的一种社会现实，在齐桓公拜他为相的时候，提出了“霸诸侯，匡天下”的发展战略。这一战略措施，不仅让周王室感激涕零，在各诸侯国内部也是一呼百应的。

这样看来，管子辅佐齐桓公霸诸侯匡天下，与孔子的“克己复礼”在基本动机上是有着很高相似度的，只不过是时代不同、环境不同、方式不同、结果不同而已。

“克己复礼”一词出自《论语·颜渊》中孔子回答颜渊的一句话：“克己复礼为仁。一日克己复礼，天下归仁焉！”克，就是克制、抑制、约束。约束自己的行为，使之符合“礼”的规范，这样就能够做到“仁”。如果人人都能够这样做到“仁”，天下也就成了“仁”的社会，自然就不会有你争我夺、弱肉强食的社会现象了。孔子这里所说的这个“礼”，简单说就是“周礼”，具体说也就是西周时期由周文王、周武王创制的规章制度。这个“周礼”实际上指的是既往的孔子心目中的理想社会管理制度，而这个社会管理制度的本质是以礼乐教化为基本特征的。“礼”可以使人具有“仁”的品质，人具有了“仁”的品质，自然也会懂得“礼”。“礼”与“仁”之间的关系是相辅相成的。“克己复礼”是孔子终生为之奋斗的行动纲领。孔子希望人们通过修养一种“爱人”的美好品德，成就一种安定祥和的理想社会。对此，管子曾做出了积极而有效的社会实践，在实践中取得了引人瞩目的丰功伟绩。大致上看，在管子在世的七十余年间，尤其在公元前685年齐桓公即位以后、管子作为齐国国相期间，为维护周天子的一统天下，齐国做出了非同寻常的积极贡献。现据《春秋左传》等文献的记载，将比较突出的情况顺次罗列于下，由此便可窥视管子在齐国霸诸侯匡天下中所发挥的积极作用。

前685年，齐桓公小白即位后，不计一箭之仇而任用管仲为相。同年八月发生了著名的齐鲁乾时之战，次年又发生了著名的齐鲁长勺之战，十月齐国又灭掉了谭国。这些行动，使得齐国这个东方大国得以有效地稳定了下来。作为周王室治下的东方诸侯大国，齐国政权的稳定，形成了对周天子政权的有力支撑。

前682年，齐桓公政权得以初步稳定之后，齐桓公和管仲做了两件大事。一是齐桓公在政权稳定之后不听管子的再三劝阻，多次对外出兵，试图通过武力在诸侯之间尽快树立起自己的崇高威望。在多次对外扩张失败后，不得已只好回到了管子“内政不修，外举事不济”的道路上来，实现了国家管理思路的根本性转变。二是齐桓公到鲁国迎娶了周王之女共姬。齐桓公小白是个好色之徒,曾自称好色、好酒、好猎。《史记》记载齐桓公有三位夫人,分别是王姬、徐姬和蔡姬,但《春秋左传》中记载的只有王姬和蔡姬两位,而且这位蔡姬后来也被赶回了娘家。另外,还记载说,“齐侯好内,多内宠,内嬖如夫人者六人”。“如夫人”就是不是夫人的夫人,享受夫人待遇但又没有夫人的资格,类似于嫔妃、宠妾之类的配偶。其中的王姬是周王的女儿,也就是共姬。齐桓公在即位之初就迎娶周天子的女儿为夫人,显然这桩婚事的政治味道很浓,对周王室来说,下嫁王姬是对齐桓公的垂爱;对齐桓公来说,迎娶王姬则是对周王室的恭维。齐桓公的婚姻显然已经是政治婚姻,管仲作为国相参与并提供意见则是理所当然的了。

前681年,齐、宋、陈、蔡、邾举行了北杏会盟,谋平定宋国之乱。宋伐杞,齐桓公命特使到宋国调停,而宋不听,仍伐杞。随后,齐桓公筑缘陵以封之,并“予车百乘,甲一千”。北杏会盟与平定宋国之乱,实际上是代行天子职权的行为,是霸诸侯匡天下政治理想的初步尝试。

前680年,宋国背叛北杏之盟,齐国约请陈国、曹国,并请求周天子派兵一同讨伐宋国,宋国迫于武力威慑,不战而屈服求和。郑厉公复位后,也与齐联盟。冬天的时候齐桓公便在卫国举行了齐、宋、卫、郑四个诸侯大国的鄄之盟,周天子也派员参加了这次会盟。

前679年春,齐桓公再与宋、陈、卫、郑盟于鄄,“齐始霸也”。秋,宋、齐、邾联合伐郳之后,郑背盟发兵侵宋。

前678年,因郑背鄄之盟,齐随即联合宋、卫伐郑。并实现了齐、鲁、宋、卫、陈、郑、许等诸侯的幽之盟。楚国兴师与齐国争夺郑国,开始问鼎中原,欲与齐国一比高下。冬,鲁、齐、宋、陈、卫、郑、许、滑、滕盟于幽。

前675年,鲁国公子结听说齐侯、宋公将盟于鄄,遂临时改变行动计划,参与了这次会盟。

前672年,陈厉公之子陈完因避国家内乱逃难来到齐国。齐桓公收留了这个落难的陈国国君之子,并且要让他做卿。因这个官位太高,陈完不敢担当,只同意做了一个工正,齐桓公还为他娶了一位大户人家的女儿。齐桓公给予陈完的待遇很高,以至于他感动得把自己的姓改成了田。

前671年,鲁庄公到齐国观社。齐与鲁庄公为迎娶齐女哀姜为夫人之事盟于扈。

前670年，鲁庄公迎娶齐国哀姜为妻。冬，郭国灭亡。传说齐桓公在郭地询问郭国灭亡的原因，郭地的父老们回答说："郭君善善不能用，恶恶不能去，所以亡也。"意思是说，郭国的灭亡是由于郭国的君主用人不当造成的。郭国君主这个人，平时喜欢好人但并不会加以重用，厌恶坏人但又不能及时地除掉他们。选人用人好坏不分，国家怎么会不灭亡呢！

前668年，齐、宋、鲁三国联合伐徐。

前667年，齐会鲁、宋、陈、郑同盟于幽。周王赐齐桓公为侯伯，命齐讨伐卫国。齐、鲁为讨伐宋国举行了城濮会盟。

前666年，齐桓公奉命讨伐卫国，卫国败。秋，楚伐郑，齐、鲁、宋联合救郑，楚国的军队黑夜偷偷跑掉了。鲁国发大水，麦禾无收，到齐国请求买粮食。

前664年，齐桓公将伐山戎、孤竹，派人请求鲁国派兵相助，鲁国虽然口头答应，实际上却并未派兵。

前663年，山戎伐燕，燕告急于齐。齐桓公救燕，伐山戎，至于孤竹而还。燕庄公感激不尽，亲送齐桓公入齐境。齐桓公以"非天子，诸侯相送不出境，吾不可以无礼于燕"为由，分沟割燕君所至之齐地与燕，且命燕庄公修复燕召公之政，纳贡于周。诸侯闻之，皆拍手称齐。

前662年，齐将伐山戎所得之宝器进于周公之庙。齐国兴师伐莒。齐桓公没有邀请鲁庄公，但鲁庄公听到消息后主动下令出兵助战，以弥补之前未能帮助齐国讨伐山戎之过。为楚伐郑之故，宋请齐会盟于梁丘。

前661年，狄人侵邢，齐桓公率领宋、曹大军救邢，大败狄师。夏，齐国归父与王子虎、晋狐偃、鲁闵公、宋公孙固、陈辕涛涂、秦小子憖会盟于翟泉。秋，鲁闵公与齐桓公会盟于落姑。鲁闵公意欲把季友请回来，并恢复他的职务，"齐侯许之"。鲁国这期间发生了庆父之乱，齐国曾派人到鲁国考察，考察回来后向齐桓公汇报说："不去庆父，鲁难不已！"

前660年春，齐人迁阳。夏，狄侵齐。庆父出奔莒国，后自杀。齐国派高子率师到鲁国，立鲁僖公，整修了鲁国城池。鲁人"犹望高子也"。冬，狄人杀死卫懿公，占据卫国都城，灭亡了卫国。卫人立卫戴公为君，寄住在曹邑。齐国派公子无亏率大军前去帮助卫国戍守,并赠给了卫文公乘马、祭服、牛、羊、豕、鸡、狗等。

前659年,齐桓公杀死了哀姜而把哀姜的尸体送给了鲁国。狄人又侵略邢国,占领了邢国都城。齐桓公和管仲亲率齐、宋、曹三国大军救邢,大败狄军。狄军逃走后,都城已毁为废墟。齐桓公在夷仪为邢国建筑了一座新城作为邢国的都城。郑亲齐,楚来伐郑。齐桓公与鲁、宋、郑、曹、邾国君会盟于柽,谋救郑。

前658年春,狄侵卫,卫求救于齐,齐桓公率师伐狄救卫,且又为卫国在楚丘建筑了新的都城,把在曹邑暂住的卫国国君迁到了楚丘。秋,为争取江、黄等诸侯的加盟,齐桓公与宋、江、黄三诸侯之君盟于贯。

前657年,鲁国上卿季友到齐国参加盟会。楚国为与齐国争夺霸主地位而不断进攻郑国,郑国就向齐国求救。秋,齐桓公与宋、江、黄的诸侯会于阳谷,商讨讨伐楚国的事情。郑国游离于齐、楚之间,楚伐郑,郑国国君欲与楚和好,大夫孔叔不同意,说:"齐方勤我,弃德不祥。"

前656年,齐会鲁、宋、陈、卫、郑、许、曹诸侯大军侵蔡,蔡溃,又伐楚。齐与楚盟于召陵,迫使楚国进贡于周王室。齐桓公师还路过陈国,陈国的辕涛涂不愿意但又不敢明说,便蒙骗齐桓公绕东道而行。齐桓公发觉后大怒,先是抓了辕涛涂,随后又命江、黄等诸侯联合讨伐陈国。冬,齐会集鲁、宋、卫、郑、许、曹侵陈。陈国臣服,齐国遂释放了辕涛涂。

前654年夏,齐桓公因为郑文公在首止会盟中不盟而走,遂率领鲁、宋、陈、卫、曹诸侯联军讨伐郑国,包围了郑国的新郑。楚国以周王的名义出兵围攻齐之盟国许国,声东击西以救郑之困。因有周王之命,齐桓公只得收兵而还。

前653年春,齐国再次出兵讨伐郑国,郑国向诸侯求和。秋,齐桓公邀请鲁僖公、宋桓公、陈世子款、郑世子华在宁母相会,商议与郑国订立盟约的事情。冬,郑文公到齐国与齐桓公结盟。周惠王死,太子郑因恐其弟弟叔带与之争位,秘不发丧,先告难于齐,请求齐国助其确立王位。

前652年,齐桓公邀请鲁、宋、卫、许、曹诸侯国君和陈世子,与周襄王派出的大夫在洮订立盟约。同时确认了太子郑的王位,是为周襄王。随后周襄王方为周惠王发丧。

前651年夏,齐桓公邀请诸侯在葵丘举行会盟大会,鲁、宋、卫、郑、许、曹等诸侯国君以及周襄王派来的周公宰孔参加了会盟。而宋襄公刚死,宋桓公继位后还未发丧,得到邀请就跑来参加会盟了。这次会盟,一是为了修订盟好,一是为了显示对周襄王的尊崇。会盟当中关于齐桓公的表现《左传》中记述得很生动,曰:"王使宰孔赐齐侯胙,曰:'天子有事于文武,使孔赐伯舅胙。'齐侯将下拜。孔曰:'且有后命。天子使孔曰:以伯舅耋老,加劳,赐一级,无下拜。'对曰:'天威不违颜咫尺,小白余敢贪天子之命无下拜?恐陨越于下,以遗天子羞。敢不下拜!'下,拜,登,受。"葵丘之会上,齐桓公提出"尊周室,攘夷狄,禁篡弑,抑兼并"的口号,深得周王室的感激,周王室承认了齐桓公的霸主地位而称其为"伯"。但这个"伯"不是爵位里的"伯",是"方伯"的意思。"方伯"是春秋时期政治发展的产物,指天子任命的诸侯之长,是代表王室镇抚一方的诸侯。

前650年夏,齐、许联军讨伐北戎。齐隰朋率师会秦师,立姬夷吾为晋国国君,是为晋惠公。

前649年,周襄王之弟叔带与戎、翟谋伐周襄王而发动政变。周襄王发现后欲诛叔带,叔带逃至齐国。夏,鲁僖公及夫人会齐桓公于阳谷。

前648年,因王子带之事,齐国派管仲到周去为周与戎、翟讲和。周襄王欲以上卿之礼接待管仲,管仲坚辞曰:"臣,贱有司也,有天子之二守国、高在,若节春秋来承王命,何以礼焉?陪臣敢辞。"王曰:"舅氏,余嘉乃勋,应乃懿德,谓督不忘。往践乃职,无逆朕命。"管仲卒以下卿之礼而还。周襄王欲以上卿之礼接待管仲是对管仲的破格优待,管仲不接受上卿之礼是严格执行周礼的制度规定,不越礼。"有司"是指主管某部门工作的官吏。古代设官分职,各有专司,故称有司。"贱有司"就是低级的官吏,这是管仲自己的谦称。"节"是节制,引申为按照。"舅氏"是对齐国国君的称谓,对管仲这么称呼是以管仲代表齐国之意。

前647年,周襄王弟带奔齐。齐使仲孙请王,为带谢。襄王怒,弗听。秋,因为戎多为难之故,诸侯组织力量保卫周,齐国也带领军队去了。

前646年,齐桓公组织诸侯为杞国新筑缘陵城,迁杞于缘陵,给兵车百乘，士卒千人。

前645年春正月，鲁僖公来到齐国。三月，鲁僖公会齐侯、宋公、陈侯、卫侯、郑伯、许男、曹伯盟于牡丘，巩固葵丘之盟，且解救正在受楚国威胁的徐国。秋，齐师、曹师伐厉（楚国的附庸国），目的在救徐。管仲死，齐桓公尽逐竖刁、易牙、开方、堂巫之后，食不甘，宫不治，苛病起，朝不肃。晋国公子重耳等因避秦晋之乱投奔到了齐国。

从我们罗列的上述这些历史事件中可以看出，桓管称霸中的“尊王攘夷”，在本质上是以周王室为核心对诸侯列国的控制和对周边外来势力的排斥。同时，齐国在内部的发展上也通过一系列大刀阔斧的改革致力于经济发展，突出强调了“仓廪实则知礼节，衣食足则知荣辱”指导思想的理论实践并取得了巨大的成功。这个发展结果很明显主要来源于两个方面，最直接的是齐国社会自身发展的需要，随之就是满足了周王室一统天下的需要。这些工作的主要策划指挥者是管子。所以《管子·中匡》篇中讲，管仲“会国用，三分二在宾客，其一在国”。“会”是计算的意思；“国用”指的是国家财政支出。国家财政的全部支出，有三分之一用于国内，三分之二用于外事活动。这些外事活动就是围绕着这两个核心需要进行的。可见，为了维护周王室的一统天下，齐国确实是做出了巨大贡献的。而这个巨大贡献，在形式上维护的是周王朝的政治统治，本质上对捍卫华夏文化的延续产生了积极的作用。孔子并没有这样的成功实践，但孔子对管子的这些功绩是十分欣羡的，“微管仲，吾其被发左衽矣”正是缘于此。

孔子对于鲁国内部和各诸侯国的大致情况应当都有着十分深入的了解，其对当时天下大势的认识结论，简要概括就是《论语·季氏》中的那句名言：“天下有道，则礼乐征伐自天子出；天下无道，则礼乐征伐自诸侯出。”天下之中诸侯乱政，诸侯国内卿大夫乱政，全社会的伦理纲常没有了秩序，这是天下大乱的根本原因。如何解决这一问题呢？孔子提出的办法就是“克己复礼”。如果社会上的每个人都遵从“礼”的纲常伦理关系，安守自己的社会定位，每个人的私欲都不随意膨胀，社会自然就会得以稳定。这就是孔子的美好愿望和终生的奋斗理想。显然，孔子强调的是使用道德的手段，倚重道德的力量。管子没有这样做，或者说是没有完全这样做，他在倚重道德力量的同时，不仅使用了经济的手段，而且使用了军事的手段。这是孔子所远不可企及的。

综上所述，管子以齐国国相的身份，辅佐齐桓公“九合诸侯，一匡天下”，实现了首霸春秋的宏伟目标。孔子对他的评价在后世形成了巨大的影响，之后的孔门学派更是加以阐述和发挥。汉代的司马迁在《史记·管晏列传》中，不仅为他立了传，而且评论说：“管仲世所谓贤臣，然孔子小之。岂以为周道衰微，桓公既贤，而不勉之至王，乃称霸哉？”司马迁为管子找到了一个比较确切的历史定位。孔子与管子有着十分突出的不同。这不仅仅是生活年代不同，也不仅仅是有生之年的社会地位不同，更不仅仅是贡献于社会的作为方式不同，管子以强权政治家的姿态，追求首霸春秋的现实目标，孔子则以思想家的姿态，积极呼吁全社会“克己复礼”的渐进式改良。孔子的地位主要是由他的思想贡献带来的。

孔子批评管仲器量小、不节俭、不知礼，看起来好像是孔子对管子的否定，但他还是坚定地认为管仲是“人也”，认为管仲是一位有着特殊才能的人才。孔子对管子的认识，否定的只是管子的一些生活细节。

管仲不死公子纠，而孔子盛赞其“如其仁，如其仁”。孔子看到的是管子功业的整体，而不是抓住他的生活细节不放。管子不“从主死节”的行为，后世也不乏其例。唐代的魏征被太子李建成引用为东宫僚属以后，看到太子与秦王李世民的冲突日益加深，就多次劝谏太子先发制人及早动手。玄武门之变后，李世民做了皇帝，魏征又得到了李世民的信任，成为李世民的股肱大臣。太宗曾向他询问忠臣和良臣的区别，魏征回答说：“使自己身获美名，使君主成为明君，子孙相继，福禄无疆，是为良臣；使自己身受杀戮，使君主沦为暴君，家国并丧，空有其名，是为忠臣。”可见，从管子到孔子到魏征，在“忠”的问题上有一个共同的精神支柱，这就是国家和人民的根本利益。有些人把孔子的“君君，臣臣，父父，子子”说成是“愚忠”，实际上是把孔子的话理解错了，孔子的话本意为“以君为君，以臣为臣，以父为父，以子为子”，强调的是君臣父子各守其职，与忠君忠国之意可谓风马牛不相及。面对“一匡天下，民到于今受其赐”这种“博施于民而能济众”的“大仁”，“从主死节”“不知礼”也就变成了“小德”。孔子不因为肯定管仲之“仁”而不批评其“不知礼”,也不因批评其“不知礼”而否定其“仁”的评价是全面而客观的,因以点盖面、以小掩大而鄙薄管仲,实则是一叶障目不见泰山之举。

孔子在《论语·雍也》中强调“能近取譬,可谓仁之方也已”。重视个人修养要从眼前的小事做起,“仁”的实效就是“博施于民而能济众”。孔子重修身,管子重事功,重修己而难免偏于迂腐,重事功则难免偏于功利。这既是孔子与管子自身存在的优长与不足,也是后世客观认识管子必须要迈过的重要门槛。

第七章 管子思想的现代价值

管子其人和《管子》其书虽然距离我们现代较为久远，但不可否认的是，管子思想在现代仍具有较高的价值。

一、管子思想现代价值的基本构成

管子思想的价值在管子生前就已经得到了突出的展现，这在齐国国力的提升和周王室以及诸侯列国对它的尊崇中都可以得到很好的证明。管子离世以后，齐国人对他的祭祀、战国时期齐国管仲学派的出现以及他的思想的广泛传播，尤其孔子以来对管子其人其事其书的阐释与应用，进一步加大了对管子思想价值的发掘。后来从司马迁、刘向，一直到梁启超、孙中山、毛泽东乃至当代的习近平、奥巴马，论及管子者，历朝历代，或文人学士，或高官政要，对管子思想价值从不同视角、运用不同方式加以发掘与应用。历史的发展事实说明，管子思想的价值是在历史长河的大浪淘沙中显现出来的，其可借鉴应用的实用价值是得以引起社会关注的根本原因。

管子思想的价值具有三个方面的突出特征。一是广泛的普世性。管子思想在宏观管理理论和经济发展理论方面的实用性价值是非常突出的，这一点决定了其社会价值的普世性，因而在不同的时代和不同的社会环境条件下都有着一定的实用价值。二是鲜明的民族性。管子思想的社会价值是建立在“礼法并重”思想理念基础之上的，因而既是汉代以后“德主刑辅”思想体系的基础，又与后来的西方法治有着明显不同，由此而构成了其社会价值的民族性。三是突出的变革性。管子的事功和思想理论有着非常突出的变革性特征，在政治、经济、军事、民政等诸多方面对西周以来形成的社会格局都有突出的变革，这些变革，既对现实的社会发展形成了巨大的推动力，又对后世的社会发展具有重要的启迪价值。

有鉴于此，管子思想社会价值的构成主要可以分为三个部分，这就是从民族文化传承角度生发出来的学术价值，从传统文化的借鉴利用角度衍生出来的应用价值，以及从民族文化交流角度延展出来的品牌价值。这三个部分中，管子思想的学术价值是民族文化自身发展的必需，应用价值是民族社会自身潜在发展动力发掘的必要，品牌价值则是民族文化自信心建设的需要。

二、管子思想作为民族文化遗产传承和弘扬的学术价值

管子思想所具有的学术价值，是由管子在中华民族传统文化中的历史地位以及影响空间所决定的。

中华民族悠久的文明发展历史，造就了尊崇历史的优良传统。中华民族素有崇拜神灵的传统。在中国古代的历史文化中，神灵包括了主宰宇宙之神以及司日月、星辰、风雨、生命等的神灵。这些神灵在周代的时候便形成了天神、地神、人神三大神灵系列。天有天神，地有地祇，人有鬼魂神。天神、地神属于先天神，而人神则属于人死以后形成的先祖神。这些神灵的共有特征是无有高低贵贱，都是无上、无下，超越一切的智慧与能量的存在，有着法力无边的惩恶奖善能力。所以人们世世代代忘不了的就是祭神，既要祭祀天神、地神，也要祭祀先祖神，坚信这些神灵对于当世和未来所具有的超凡的惩恶奖善功能。这一两千年来这种历史文化传统的世世代代延续，反映出来的本质问题，就是对于历史的尊崇。这一现象只不过是在极为广泛的民俗层面上以及由此而形成的形而上的思维方式上的具体表现。而在思想文化层面上来看，则是在尊崇意念基础上的对于浩如烟海的精神文化载体的传承与保护。这些思想文化载体所具有的潜在精神力量，就是赖以继往开来的精神支柱和最为基本的动力。因此，在中华民族悠久的文明发展历史上，也就形成了尊崇历史的优良传统。

重视民族文化遗产的传承和弘扬，是中华民族尊崇历史优良传统的重要表现，其具体的表现手段虽然很多，但最基本的莫过于保存与研究。这就是对相关学术价值的展现。没有学术价值的展现，便不可能有历史文化的

今天。我们之所以能够拥有如此辉煌的民族文明历史，就是因为我们的历代先贤对中华民族历史的学术价值做出了不可磨灭的历史贡献。管子思想的学术价值亦便是这样一代一代展现出来的。

在文字与书写条件尚未发达的年代，口口相传是最重要的文化传承手段，伴随着文字及其书写条件的逐步发展，逐渐出现了形式繁多的传承手段。《墨子·兼爱》篇中记载子墨子的话说："吾非与之并世同时，亲闻其声，见其色也。以其所书于竹帛，镂于金石，琢于盘盂，传遗后世子孙者知之。"这里提到的"书于竹帛，镂于金石，琢于盘盂"，都是战国时期常见的一些思想文化的传承手段。《左传·昭公六年》记载说："三月，郑人铸刑书。"二十九年又记载说："冬，晋赵鞅、荀寅帅师城汝滨，遂赋晋国一鼓铁，以铸刑鼎，著范宣子所为刑书焉。"这里的"铸刑书""铸刑鼎"与"书于竹帛，镂于金石，琢于盘盂"相比较，尽管传承文化的材质和形式不尽相同，但效果是基本一致的。不管通过什么样的传承手段，都需要有一种高度的责任心来完成。《左传·襄公二十五年》记载有齐国的一个故事，齐国棠公的妻子很漂亮，齐棠公死后，崔武子娶了她，齐庄公又与之通奸。"庄公通焉，骤如崔氏。以崔子之冠赐人，侍者曰：'不可。'公曰：'不为崔子，其无冠乎？'崔子因是，又以其间伐晋也，曰：'晋必将报。'欲弑公以说于晋，而不获间。公鞭侍人贾举，而又近之，乃为崔子间公。"齐庄公的行为实在是太嚣张了，于是，崔武子便设计杀死了齐庄公。齐国的太史知道了这件事，就把这件事真实地记录了下来，《左传》中是这样记载的：

> 大史书曰："崔杼弑其君。"崔子杀之。其弟嗣书，而死者二人。其弟又书，乃舍之。南史氏闻大史尽死，执简以往。闻既书矣，乃还。

为了真实记录一段历史，竟然有数人先后遭到权贵的惩处，失去了性命。由此可见保留一个真实的历史事实之艰难。

思想文化层面的记录与保存虽然没有历史事件这样潜在的巨大风险，但同样需要付出不可估量的艰辛。汉初以来，刘氏王朝重视先秦古典文献的收集和整理。成帝时任命刘向主持校书工作，组成校书班子进行大规模校书，实具有开创的性质。遗存至今的刘向校书《叙录》，有《管子叙录》《晏子叙录》《列子叙录》《荀子叙录》《战国策叙录》《说苑叙录》等，由此可知，仅刘向一班人整理的文献便是一个浩大的规模。就"管子书"而言，刘向所校书中就有"管子书三百八十九篇"，在校雠如此繁多版本的基础上形成了定本"八十六篇"，其工作量之大自然是可想而知的。在当时环境条件下，完成卷帙浩繁的这样一种校雠工作，究竟要付出多大的艰辛努力自不必待言。这仅仅是就《管子》而言，其他文献的校雠整理同样如此。由此可见，我们今天所能够见到的浩如烟海的古代文献，是包含了先人们一代又一代前赴后继、难以估量的心血的。

显然，不管是管子其人，还是《管子》其书，都是中华民族优秀的民族文化遗产。管子以其辉煌的事功，被后人广为传颂，甚至于走出了家族神的圈子而被推上了国家和民间的行业神坛。对于管仲思想和《管子》一书，自孔子以来，历代学者无不推崇备至。孔子有"如其仁，如其仁""民到于今受其赐"之论。汉代的刘向在《管子叙录》中说："凡《管子》书务富国安民，道约言要，可以晓合经义。"宋代关于《管子》一书的议论一时蜂起，如叶适认为："此书方为申、韩之先驱，斯、鞅之初觉，民罹其祸，而不蒙其福。"另一方面，也有学者们认为"王者之法，莫备于周公；而善变周公之法，莫精于管子"。杨忱在《管子序》中说："《管子》论高文奇，虽有作者，不可复加一辞。"张嵲在他的《读管子》中又盛赞说："《管子》，天下奇文也。"清代末期的张履认为："《管子》实致用之书，李悝之平粜、贾谊之积贮、晁错之言兵、诸葛武侯之毋赦，皆本于此。"正是鉴于《管子》一书革除时弊、振兴时代的现实应用价值，近代以来学术界把管子的思想与西方的先进管理制度不断进行比较，形成了西方的先进管理制度源于管子的认识，薛福成就认为："泰西各邦治国之法，或暗合《管子》之旨，则其擅强盛之势亦较多。"①张佩纶说："居今日而求振兴，惟《管子》一书最切当世之用。"②因而，近代以来，从孙中山、蒋介石到毛泽东，一直到当今的习近平，都对管子的思想给予了高度的关注。

管子其人其书的学术价值，一方面表现在其是民族文化积累的一种结

---

① 《郭嵩焘等使西记六种》，生活·读书·新知三联书店 1998 年版，第 287 页。

② 张佩纶：《管子学》，台湾商务印书馆 1971 年版，第 2745 页。

晶，另一方面表现在其是民族文化传承载体的一种荟萃。此外，还是民族文化精神的传承与弘扬。因此，管子思想既是中华文明进步中的时代瑰宝，又是中华民族历史发展中的传家珍宝。从民族文化传承的角度看，我们没有任何理由抛却它，因为这是祖先留给我们的遗产；从管子思想自身的价值看，我们有必要进一步传承和研究它，因为它在现代社会发展中具有不可估量的潜在文化软实力价值。

基于这样的缘故，厘定《管子》一书的流传谬误，阐释管子的思想，展示管子的形象，都是对管子思想的继承与弘扬，并无高低贵贱之分。立足于中华民族优秀传统文化的传承与弘扬而对管子做进一步认识，这是历史赋予我们的责任。

三、管子思想作为民族文化软实力发掘和借鉴的应用价值

事物存在就必然有其合理性的一面，不断被借鉴运用自然有其传续下去的必要性。管子思想的应用价值是从其作为民族文化软实力的发掘利用当中体现出来的。

自从美国学者约瑟夫·奈（Joseph Nye）1990 年提出了“软实力”（或译“软力量”“软权力”）的概念以来，“软实力”“文化软实力”的概念迅速传入中国，并引起了国内学术界的高度关注。在约瑟夫·奈的理论当中，当今社会的竞争，不仅要依靠经济、科技等“硬实力”（Hard Power），更重要的还要依靠社会制度、意识形态、生活方式等产生的“软实力”（Soft Power）。软实力这一新理论的形成，使得国际关系学的认识和分析传统为之一新。从此开始，“民族文化软实力”这个由“软实力”延伸出来的理论概念，在当代社会的发展中，引起了越来越多的学术理论界人士的青睐，人们逐渐认识到，民族文化软实力才是参与社会竞争最强劲的可持续动力源，对有着丰富民族传统文化资源的中华民族而言，尤其需要高度重视民族文化软实力。

中国文化源远流长，就其主流的发展而言，先秦时期儒、墨、道三家几乎涵盖了当时思想文化的全部。从对社会的影响层面来看，墨家本出于儒家，儒、墨约略归一。儒家文化的重心在于告诉人们怎样做人，道家文化的重心在于告诉人们怎样处理各个方面的关系。而人生活在现实的社会当中，是

要做很多具体事情的,管子齐文化的重心就在于告诉人们怎么做事,正好在一定程度上填补了儒、道两家的空白。从儒、道、管这三家的产生先后来看,孔子在墨子之前,老子在孔子之前,管子则在老子之前。这又恰好符合社会发展的一个基本规律,即人类的一切历史都是从行动开始的。这就如同一个幼儿,他要首先学会走,然后才能懂得礼义廉耻与孝悌忠信的。所以,在管子的思想里边,儒家、道家的影子虽然都有,却无法将之准确地归于任何一家。这不仅仅是因为儒家、道家的学派分类是后来的学问,更重要的是,管子思想的全部是社会实践的总结。管子思想的价值正在这里,它来源于实践,在"螺旋式上升,波浪式前进"的社会发展中显现着它潜在的软实力价值。这一价值在当代社会发展中的动力作用,主要反映在以下四个方面:

首先是民族精神建设的优势支撑。民族文化是民族精神的脊柱。中华民族文化精神的根本是源远流长的中国传统文化。而中国传统文化的发展,秦汉以前在管子思想的基础上形成的儒、墨、道几乎涵盖了当时文化的全部,秦汉以后,外来而儒学化的佛学替代了墨家文化,整个中国传统文化的主干成了儒、道双雄争霸的局面。而管子之学,则深深地融合在了儒家和道家文化的血液里。老子讲"道法自然",孔子说"齐一变,至于鲁,鲁一变,至于道",其中的"道",在国家管理的层面上看来,与管子的"仓廪实则知礼节,衣食足则知荣辱"是基本一致的,强调的是精神与物质的和谐发展,也就是老子所谓的"自然"。这与齐文化的"尚功"与鲁文化的"尚德"等突出特点以及孔子对社会发展的基本认识也是基本吻合的。这种文化精神与管子提出的"不慕古,不留今,与时变,与俗化"的与时俱进的人文精神也是一致的。由此大致可以发现,管子的思想是儒家文化与道家文化发展的基础,是中国传统文化主干的重要支撑,在民族精神建设过程中有着明显的支撑优势。

其次是竞争谋略体系的优势支撑。当代社会的发展,竞争无处不在,和谐竞争、共同发展,这是社会文明进步的大趋势。智谋文化在中国传统文化中的发展,在齐鲁文化中有着突出的体现,典型的表现除却丰富多彩的军事智谋文化,就是以《管子》为代表的管理智慧。《管子》是依托管仲辅佐齐桓公"九合诸侯,一匡天下"的历史事实而形成的,是一种社会管理实践经验的总结和升华，其成功的经验与失败的教训，甚至附会于历史事实之上的理论阐发与设想，都充满了理论与实践的智慧。这些智慧，从管理学的角度看，有四个突出点非常为后世称道，一个是“礼义廉耻，国之四维”，在道德层面上确立了国家管理的根本问题；一个是确立了“知予之为取者，政之宝也”这样一个“政在顺民”的行政原则；再一个是形成了“十年树木，百年树人”的人才观念；还有就是“来天下之财”和“善用非其所有”的经济发展观。至于书中提到的诸如“官山海”“均地分力”“九惠之教”，等等，只不过是这些理论的具体措施而已。这些谋略，在老子、孔子及其他诸子的著作中是找不到的。其在中国传统文化的竞争谋略系统中的支撑优势是非常突出的。

再次是民族社会价值取向指导的优势支撑。整个管子思想在社会价值取向的选择上是非常明确的，这就是重视社会事功基础上的道德文明，用管子自己的话说，就是“仓廪实则知礼节，衣食足则知荣辱”。因此而与西方文化观念的价值取向形成了一定的交叉。西方文明重视功利，这也是近代史上一些人把管子看作西方文明源头的根本原因，但管子又在重视功利的同时重视到了社会公德，因而又与后来的孔子所代表的儒家文化在价值取向上取得了一致。不过总体上看来，管子是站在宏观的国家利益层面上的，不管“尚功”“尚德”，并不拘泥于社会个体的“人”的得失。在社会实践的层面上看，这是中国传统文化当中其他的社会价值取向，乃至西方社会所谓的现代文明中的社会价值取向所难以企及的。《荀子·王制》篇中在分析人与禽兽的区别时说：“禽兽有知而无义，人有气、有生、有知，亦且有义，故最为天下贵也。力不若牛，走不若马，而牛马为用，何也？曰：人能群，彼不能群也。”他看到的也是人能够形成集体的强大力量。管子把社会管理的着力点放在对于人的社会群体的社会价值取向的导引上，其对民族社会价值取向指导的支撑优势，在现代社会发展中仍然有着突出的借鉴利用价值。

最后是民族文化品牌的优势支撑。人类文明的发展是多元的。就中国而言，华夏文明诞生于黄河流域，与之相伴生的中国古代文明还有东夷文明和苗蛮文明。这三大文明逐渐交流碰撞，混而为一，一直延续至今，是世界人类文明中唯一生生不息而延绵发展至今的文化体系。这充分说明了中国的传统文化是世界人类文明发展中的靓丽品牌。管子思想作为中国传统文化中的典型代表,其品牌价值对国家和民族发展的支撑优势自然不言而喻。不管是管子其人还是《管子》其书,都是响当当的民族文化品牌,这是没有任何问题的。关键是在中国丰富的民族传统文化资源中,类似于管子这样的民族文化品牌可谓众多,管子这个品牌在这些众多的民族传统文化资源中占据着什么样的地位,展现着什么样的支撑优势。管子这个品牌,笼统地说分两部分:管子其人以其辉煌的“合诸侯匡天下”和“尊王攘夷”的事功而名垂青史,这是一份无可匹敌的历史贡献,是老子、孔子等民族文化品牌所不可及的;而《管子》其书所潜在的理论价值,尤其“仓廪实则知礼节,衣食足则知荣辱”的社会管理意识,如同孔子“己所不欲,勿施于人”的行为意识一样,所揭示的人类社会的根本法则,理论上也形成了对民族文化品牌的支撑优势。

四、管子思想作为民族文化瑰宝对外传播与交流的品牌价值

随着信息时代的到来,网络实现了全世界不同地区、不同民族、不同文化的链接,缩短了其自然的时空距离,让一个偌大的地球变成了一个小小的村落。因而,文化的民族性呈现出了日益扩大的交融趋势。丰富多彩的中国传统文化走向世界已经成为社会发展的必然。管子思想是中华民族的文化瑰宝,伴随着中国传统文化走向世界的铿锵步伐,其与世界众多民族文化传播交流的潜在价值也日益显现。

作为民族文化品牌而言,管子思想的对外传播与交流是一个重要的民族文化坐标。管子在世界文明进步的历程中有着明显的坐标位置,这主要反映在两个方面。一是历史纵向上的前置性。按照德国雅斯贝尔斯的理论,公元前800年至公元前200年之间,尤其是公元前600年至公元前300年间,是人类文明的“轴心时代”。这段时期是人类精神文明的重大突破时期,各个文明系统里都出现了伟大的精神导师——古希腊文明有苏格拉底、柏拉图、亚里士多德,以色列文明有犹太教的先知们,古印度文明有释迦牟尼,中国的文明则有孔子、老子等,他们提出的思想原则塑造了不同的文化传统,也一直影响着人类的生活。在中国的文明进程中,老子、孔子之前则还有管子。按照管子生于公元前716年,卒于公元前645年的观点,管子的

诞生当是在轴心时代的早期,也就是全世界人类精神文明重大突破的早期。这不仅在中国古代文明的发展大系中是一个非常重要的坐标点,与古希腊的苏格拉底、古印度的释迦牟尼以及犹太教的先知们相比较,也有着无可争辩的前置地位。二是历史横向断面的实践性。轴心时代是人类社会野蛮与文明的交替时代,野蛮时代即将过去,文明时代刚刚开始。此时,物质文明的发展还没有完全进入轨道,精神文明发展正在逐步突破,而且明显走在了物质文明的前面。所以,人们在关注到轴心时代的社会发展的时候,最受青睐的是苏格拉底师徒、释迦牟尼、犹太教的先知们以及老子、孔子等精神先贤,尽管管子喊出并实践了"仓廪实则知礼节,衣食足则知荣辱"的政治纲领,但仍然不可能跃居于老子、孔子之上而成为伟大的精神导师。管子正是在这样一个交替时代的、以社会管理的成功理论与实践为优长的时代坐标。历史纵向发展上的前置性和历史发展横向断面中的实践性,使得管子与人类文明进步中的其他先贤区别了开来,形成了他特有的历史坐标定位,使管子思想在中华民族传统文化当中具有不可替代的对外交流与传播的价值。

民族传统文化的对外传播与交流,是以其鲜明的特色和广泛的普世价值为基础的。其实,管子从诞生的那一天起就是一个胜利者。从社会实践的层面上看,管子在辅佐齐桓公合诸侯霸天下过程中创造的是一份前无古人的事业。他的成功,首先在齐国自身的发展过程中得到了充分的体现,随之又在帮助周王室捍卫华夏文化的过程中得到了充分的体现,其辉煌的社会事功,以至于百余年后的孔子盛赞"民到于今受其赐"。在大是大非面前,管子抛却了狭隘的自我,把自己全部的智慧和力量贡献给了自己所供职的齐国与齐国所属于的周王室。他的胜利是无私的,是高贵的。

从社会发展的理论层面上看,管子在国家管理的政治、经济、军事、文化、哲学、教育、民政、法制法律等各个方面都提出了闪耀着时代光辉、展现着与时俱进的现实应用价值的理论观点,其"经纬日月,用之于民"的理论抱负,是任何坐而论道的先哲和企图依靠个人的奋斗拯救全人类的先圣都难以媲美的。管子的胜利,并不是理想主义者的胜利,而是其伟大成功实践的胜利,是其伟大理论社会应用价值的胜利,是两千多年来经历了中国社会实践检验的胜利。

信息时代的发展使世界范围内的民族文化交融已经成为不可阻挡的历史潮流。中国传统文化作为世界性的人类文明成果,走向世界已成为一种日益明显的发展趋势。随着孔子思想在全世界的传播和发展,2004 年 11 月,全球第一家"孔子学院"在韩国首尔挂牌成立。目前,孔子学院已遍布亚洲、欧洲、美洲、非洲、大洋洲。孔子学院从无到有,乘着孔子学院的航船,"孔子"走向了世界的各个角落。孔子学院在海外的不断建立,对增进世界各国(地区)人民对中国语言文化的了解,加强中国与世界各国文化的交流合作,发展中国与外国的友好关系,促进世界多元文化发展,构建和谐世界,都产生了积极的推动作用。孔子学院在世界各地的生根发芽开花,充分证明了孔子及其儒学思想潜在的巨大普世价值及其在当代社会发展中的借鉴和实用价值。伴随着全世界中国文化热的流行,管子在世界范围内也得到了越来越广泛的深入认识,认识和传播管子思想的渠道正在悄悄地发生着变化,突出的表现就是"管子学院"的出现。2006 年,加拿大人埃里克·鲍曼(Erik Bowman)在加拿大创办了管子学院。作为海外第一家管子学院的创办人,他在谈到创办管子学院时这样说:"在大学时我决定参加一个数字世界的哲学和宗教课程。在那里,我发现管子和企业内部的哲学。我的兴趣被激发了起来,我不得不学习更多。经过广泛的搜索,我发现了一个两册《管子》英文翻译,管子哲学符合目前的经济原则、我的核心信念和我生活的目的。许多管子理念融合了道教、儒教、法家。"为了帮助人们追求自己创业的梦想,他发起并组织创立了管子学院。2014 年,美籍华人、号称为管仲第 82 代后裔的管必红博士在美国费城也注册成立了管子学院。这是一个旨在弘扬传播管子思想文化的文化传播机构,管子学院首任院长管必红博士对管子学院的定位是:弘扬传播管子思想文化的阵地,学习研究管子思想文化的学府,观光留学移民美国的桥梁,促进中美文化交流的使者。管子学院聘请的首席研究员是前清华大学教授、美国宾夕法尼亚大学荣休教授李克先生,他自 1948 年就开始翻译研究管子,是著名的管子研究专家。管子学院还与安徽省管子研究会于 2015 年 11 月 15 日至 23 日,在美国费城举办了首届国际管子学术研讨会暨向管子学管理企业家培训班。管子思想在海外的发展,显现着其作为民族文化瑰宝对外传播与交流的巨大潜在价值。

后 记

承蒙各级领导关心和厚爱,经过各位同仁的共同努力,在诸多朋友的关心、支持和帮助下,《管子通论·论管子》一卷,作为项目之一部分终于结项,作为著作,即将出版。值此机会,谨对这个项目的完成和这套书稿的出版给予支持和帮助的单位和学贤致以衷心的感谢。尤其要感谢王志民老师百忙之中的欣然致辞,对我及诸位同仁今后在管子研究中的跋涉给予了无尽的鞭策与鼓励。

王京龙

2018 年 9 月 6 日

图书在版编目(CIP)数据

论管子/王京龙著.—济南：齐鲁书社，2019.6
（管子通论）
ISBN 978-7-5333-4086-5

Ⅰ.①论… Ⅱ.①王… Ⅲ.①管仲（？—前645）—人物研究 Ⅳ.①B226.15

中国版本图书馆CIP数据核字(2019)第001511号

“管子通论”丛书
王京龙 等著

论管子
LUN GUANZI
王京龙 著

主管单位	山东出版传媒股份有限公司
出版发行	齊魯書社
社　　址	济南市英雄山路189号
邮　　编	250002
网　　址	www.qlss.com.cn
电子邮箱	qilupress@126.com
营销中心	(0531)82098521　82098519
印　　刷	山东新华印务有限责任公司
开　　本	720mm×1020mm　1/16
印　　张	10.25
插　　页	3
字　　数	180千
版　　次	2019年6月第1版
印　　次	2019年6月第1次印刷
印　　数	1—1000
标准书号	ISBN 978-7-5333-4086-5
定　　价	**50.00元**